FESTIVE TASTE

司徒衛鏞 著/攝影

節日的味道

四季旬物吃活鮮

裊裊炊煙節味濃

百般滋味在心頭

推薦序

鄧達智

好朋友司徒衞鏞（William Szeto）新書《節日的味道》出版在即，有幸先睹為快。

六十年代或之前成長的一代才會認識、珍惜節日的味道；七十年代以後，香港經濟條件逐漸提升甚至起飛，普遍港人衣食何止足？簡直豐盛。原來的清貧、物質有限，教曉我們惜物，幾歲小兒得斗零一毫，買不了甚麼應付嘴饞，鄉村小店東主落地生根，看着我們出生成長，斗零換來小小一方報紙包着碎冰糖，小朋友幾人月光下，坐地堂，當作糖果點心。

童年心繫的過年食物，並非油角、煎堆、炒米餅，而是父親每年準備的大瓶玻璃樽、花街朱古力、拖肥糖、大罐丹麥藍罐曲奇，還有我們搶着納為「私人保險箱」的藍衣男孩或花街糖果長方形鐵盒。

踏入十多歲的少年期，開始學懂珍惜並懷念鄉下家家戶戶應節皆做的油角、煎堆，過年時和家人大肆製作炒米餅，祖母輩年事漸高，集合十數位女性遠親、近鄰，齊齊炒米、磨粉、煮糖、搽餅……，這些日子漸行漸遠，某年母親宣布停擺，地老天荒數百年的鄉里習慣，突然從我家生活慣常中消失。

再過幾年，轉往國外上課，和油角、煎堆絕緣近十年，仍未至於有所感觸。自此接觸各色 Cookies、Doughnut、Croissant、Scone、Black Forest、Apple Strudel、Churros、Tiramisu，從北美洲到歐洲，好些點心、糕點等着讓我發掘、認識、喜歡，成為生活中的一部分。直至那年受荷蘭朋友邀請，在運河上的船屋及家族大宅中過新年，發現荷蘭家家戶戶會在除夕當天，製作類似 Doughnut 也似我們油角、煎堆的炸物點心，隨後帶備探訪親人、鄰居，午夜到來，炮竹煙花連聲響，我如同吃了母親製作的油角、煎堆，餘香在心口不斷膨脹，流下思家淚。我媽的油角多樣，除了奉神、拜祖先的，還有造型是圓鼓鼓石榴形頂上寓意男性生殖器官慈姑椗的煎堆，至重要為遠近馳名。父親每年必在煎堆出爐一刻，鮮有地坐在家中守候，一次吃十個我媽的手藝絕技——「雞蛋煎堆」。

司徒衛鏞筆下節日的味道至窩心，勾起無限思憶，此際疫症蔓延，親友被迫分隔萬千里外，若有住安老院或長期留醫的至親則更慘，咫尺天涯，好運的能隔窗觀望，但若然環境不足，連望一眼也已是奢侈。朋友住在安老院的高年老母雙目失明，兼久未站立，只能透過電話胡亂聽點聲音，朋友過去會接她回家，齊齊整整吃一頓年夜飯或開年飯，現在簡直等同生離死別。

二次大戰後數十年的社會發展，顛覆了世界各地不少國家地區數千年來的習慣，從荷里活電影、電視再到美式快餐連攻帶打，Casual 運動裝全球「蔓延」，前所未有、無遠弗屆的旅行方式，對名牌時尚品牌的崇拜……數之不盡，因為表面無人死也不見得有人病，上述「物質細菌」雄霸世界，在各地風起雲湧，而未被察覺。隨着網絡世界的切換，我們跟「傳統」、跟「例牌」漸行漸遠，香港人近年有甚麼菜式是在過年必吃？

司徒將各地節日的吃喝，逐樣盤點詮釋，頗具節慶為食鬼小百科的氣質；當中便包括傳遍千里萬里、源自香港新界的盤菜，和從出口外銷轉入口內銷的新加坡撈起。

八十年代回港入行未幾，我趁公司公幹兼過年放假遊玩新加坡（那些年港人仍未愛死曼谷，南洋遊一般為：星、馬、泰、馬尼拉百勝灘。新加坡旅遊位置高過曼谷，台北有排追不上）當年仍操頗流利港式粵語的新加坡人，仍追隨傳統南洋禮數，熱情好客，適逢農曆新年，讓我體驗至地道的新加坡撈起。

將鯇魚魚生拼在七色甜酸菜絲置於大盤子內，一輪喜慶恭喜語，人人將筷子插入菜絲魚生堆，手勢帶點玩樂意味，夾起推高，是為「撈起」，「撈」當然是指「撈世界」（做生意），正如原籍新加坡的一代諧星宗師、丑生王梁醒波名曲《光棍姻緣》：「擔番口大雪茄，充生曬認經理，撈世界要醒目。」童年對「撈」之認知，由此而來。

司徒衛鏞在書中特別介紹不同國度、不同民族之賀年食品，風趣生動，增添讀者知識。文中分享司徒伯母的精湛手藝，配合無比母愛，衛鏞感受至深、至愛。

日本御節料理的章節，乃喜歡日本文化尤其鍾情於食之趣味的信眾必讀，司徒這樣開始描述：「日本的正月新年是所有傳統節日中，『儀式感』最濃厚的……」

接着以數千字，細緻訴說日本人過年的禮儀與食品，讀着讀着，心神如已置身日本，感受禮失求諸野之樂趣，重認重溫。

自序

節日有沒有味道？是甚麼味道？正如季節時旬的味道是怎樣的？歲月的味道又是怎樣的？我覺得甚麼東西都有其味道，即使毫無味道的東西，其實也是味道的一種。有謂食之無味，其味如同嚼蠟，那，嚼臘就是味之一種，只不過食之無味無趣，有如你遇上個毫無情趣、毫無品味，又話不投機的人，要與之相處確是相當辛苦的事，這便是無味無道，慘過嚼蠟。但現實是，即使多麼了無生趣，都不能否認他也是一種人，多麼不堪也是人一個，你只可以避之則吉，寧願與路旁的 Lulu 嬉戲，也不願望多他一眼。

其實食物也是如此，很多未必合你胃口，對於無味無道的東西，即使你討厭，有時都可能要嚥下去。隨着歲月流逝，人難免會思前想後，百般滋味在心頭，像打翻了五味架，飽嚐甜酸苦辣。人經歷過困境，就特別容易感動，食物也隨着心境改變而會變出不同的味道。現代人充滿矛盾，一方面要逃避傳統節日的繁文縟節，但又有意無意間懷念習俗帶來的儀式感，像過春節，往往是精神歸屬的重要時刻，內心像裝上溫度計，復甦文化意義上的深層感念。

每逢佳節倍思親，何止節日，即使季節的交替，都會帶來不少感觸。每個節日都有其特性，正如每年的櫻花季節，我就是喜歡她的絢爛綻放和凋謝，昨日雪如花，今日花如雪，花見有

說不出的濃厚節日味道。賞櫻文化源於古時的皇室貴族及文人雅士，是精緻文化之表表，今日已普及成為大眾口味，花起花落都令人迷醉，短暫的璀璨但帶來永恆的浪漫。在情感的世界，日常生活能令你心動、觸動、感動及悸動的事恐怕不多，反而在飲食世界，往往一種食物或一頓飯已可令你感動，甚至成為終身的回憶。

除了傳統的節日，年中還有無數的節慶，甚至季節的變更都令人期待，很多是難得一會的好滋味，像馥郁甘腴的頂角海黃油，是可遇不可求。四季不同的時旬往往帶來季節的喜悅，像大地回春萬物復甦，你便想起嬌嫩的春筍和無數當造的春菜。不時不食有其道理，這是味覺的享受，你不會在不合適的時候，去吃不合適的東西，正如天時暑熱你不會去吃羊腩煲。同樣道理，不同的節日也有不同的食物味道，過年吃年糕，端午吃裹蒸糭，中秋吃月餅，聖誕吃火雞，這是應節，與節日的味道息息相關，那種味道已超越味蕾口感的層次，是加上氣氛感覺，還有深層流動的溫暖感。所以在感恩節，人們不會在外尋歡作樂，而是千里迢迢，都希望趕返家團聚，那隻火雞的意義已超乎味道，而是溫馨的維繫。

世界瞬息萬變，人要適應這個世界的溫度，不管是季節還是人情冷暖。哪怕是寒暑春秋，無數節日的味道，往往能喚起何處是吾家，記着那味道，即使在天涯海角，心中也會浮現溫暖的感覺，百般的滋味不只在心頭，仍可在舌尖味蕾間徘徊飄蕩，縈繞不散。節日的味道不單指節日，還包含着四季的變幻，不單是食物，還有人心。哪怕路有多遠，要記着歸家的路，還有故鄉的味道，只要你心中有家，那四海都可以是家。

前言：春夏秋冬 不時不食

「不時不食」可以說是一種境界，是遵循自然之道，意思是吃東西要因應時令，按季節，所謂「冬鯽夏鯉，秋鱸霜蟹」，甚麼時候合適吃甚麼東西，這是應節律而吃。要明白，凡生物都有生長周期，會符合時令、節氣規律而生長，如吃不合時令的東西，不會好吃，反之當造的食物，必然美味。

春回大地，天地俱生，一把把鮮嫩的春菜都應時從土裡鑽出來，所以春筍、韭菜、蒿苣都特別鮮甜味美，「春在溪頭薺菜花」，薺菜也是很好的春菜。不需大鑼大鼓，即使小菜一碟都會令人吃得眉飛色

喜歡四季分明，一季一風景，讓人領略到時光消逝，品嘗到一年四季的酸甜苦辣。在不同的時節，呈現出千姿百態的美食。

舞，香椿炒蛋、涼拌萵筍絲、老醋拌苦菊、韭菜炒小魚乾，還有潮汕人特別喜愛的排骨春菜煲都很好，極能滿足味蕾，不同的春菜還會有不同的健康效能。

夏天通常胃口較差，要多吃解暑除煩的食物，瓜類自然較合適，由苦瓜到西瓜都可解暑，說起來，最消暑的食物是傳統手工製作的意式雪糕，選用新鮮

春菜顧名思義就是春天吃的蔬菜，大地回春，青綠的蔬菜很多，特別有新鮮感。

日本人愛甘香食材較少嚐苦味食物，但春季食的春菜，常帶點獨特的苦澀，當造期做天婦羅是不錯的。

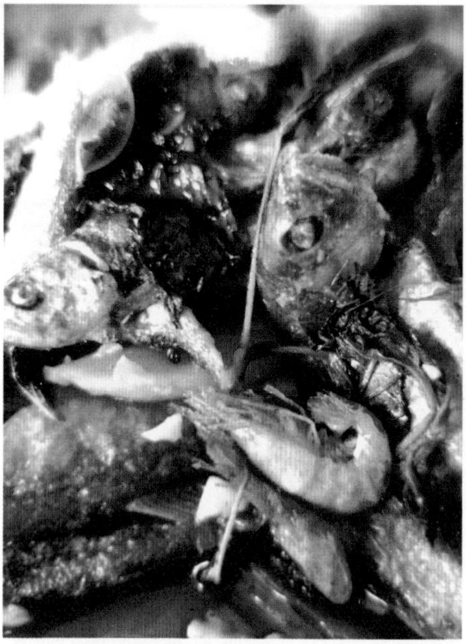

雜魚煲是經典潮汕菜，精選海捕新鮮小雜魚，燜成砂窩，烹調簡單原汁原味，味道已很鮮美。

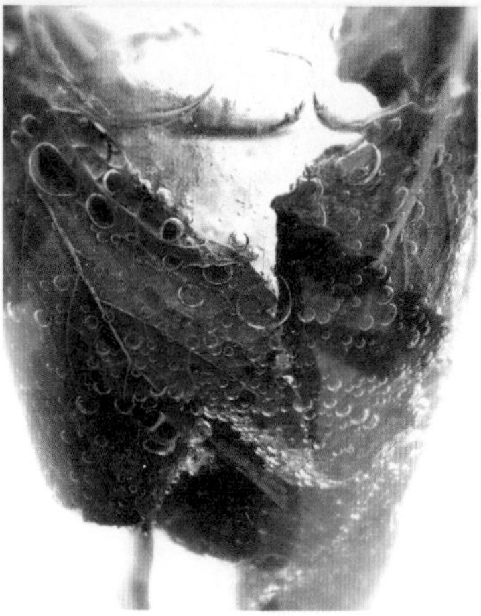

Mojito 是傳統的古巴調酒，經典配方由五種材料組成，百蘭姆酒、砂糖、檸檬薄荷和蘇打水。

的時令水果和各類堅果製作，你千萬別當是美式雪糕。它令我想起柯德莉．夏萍在五十年代的成名作《羅馬假期》，公主在羅馬的西班牙廣場上吃意式雪糕（Gelato），體驗當個「平凡女孩」的開心模樣，令人印象深刻。

秋天是大豐收的季節，春耕、夏耘、秋收、冬藏，在這令人雀躍興奮的豐收季節，最適合開始囤積熱量準備過冬。秋天是享受美食的最好季節，好吃的

炎炎夏日不妨試試新口味，天然手工雪條用新鮮水果及新鮮果汁做，外形吸引。

一般 Ice Cream 指的是美式雪糕，而 Gelato 是意式雪糕，兩者主要的分別在於脂肪含量、空氣含量和溫度。

夏日冬瓜盅宜用結實而老身的冬瓜，挖去瓜瓤，放適當食料進瓜盅內，加水隔水燉便成。冬瓜肉鮮嫩柔軟，味清香，是夏季時令佳品。

洄游香魚每年秋天從河流游向大海產卵，孵化出幼魚，來年春天再回到河流中去長大。日本只許每年五月之後捕捉已長大的香魚，這樣一來香魚的「旬」也就自然是每年的夏季了。

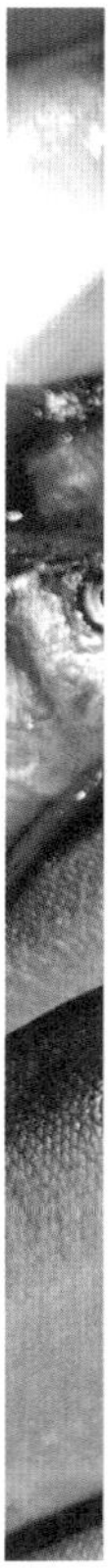

季節限定

日本「宮崎縣」出產的芒果是近年受到各界大熱追捧的水果，當中的「太陽之子」更是各高級百貨公司、名媛望族送禮首選。

東西實在太多太美味，簡直數之不盡，是味蕾的大豐收。大閘蟹正值蟹肥膏黃之日，由脹卜卜的肥美秋蠔到甜美的胭脂蝦、真鯛、紅鰣，都正值當季，無不令人食指人動。雖然我不好野味，但珍稀肉類恰逢其時，新鮮的鵪鶉與鹿肉在歐陸是不能錯過的野味，溫潤滋補的鴨肉、蛇羹、羊腩煲更是迎接涼意的養生妙品。

秋天是一年中最集中的果實成熟期，中秋前後，大量水果應節，有楊桃、柿子、麝香葡萄到酸甜多汁的文旦柚。秋天的蓮藕有老嫩之分，嫩藕削皮，可當水果直接吃，老藕可以刨絲炒菜，煎藕餅或燉湯。香噴噴、軟糯的糖砂秋栗，到松露、檳榔芋、南瓜、銀杏等，在市場上簡直令人眼花繚亂。在日本，一踏入秋季，就到處可見「食欲の秋」的宣傳標語，還有肥美鮮甜的天然秋鰻、北國的鄉土料理秋鮭石狩鍋、油脂滿溢的鹽烤秋刀。海鰻也叫「秋鱧」，初秋為生產期，生產後為恢復體力而大

京都錦市場內有多間賣栗子店，賣不同地區栗子，如丹波地方特產的丹波栗是大栗種。「銀寄」是丹波地區的名品，據店員說，銀寄的大粒栗子經過品種改良，可以穩定地收穫大規格的栗子。

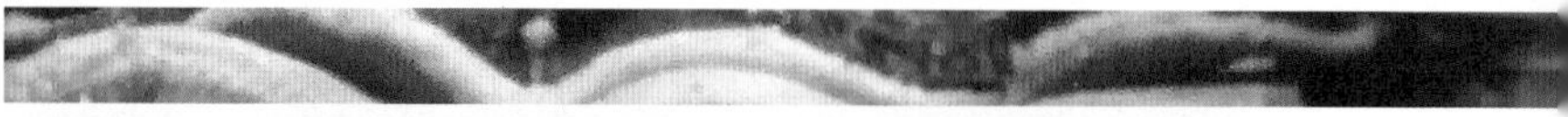

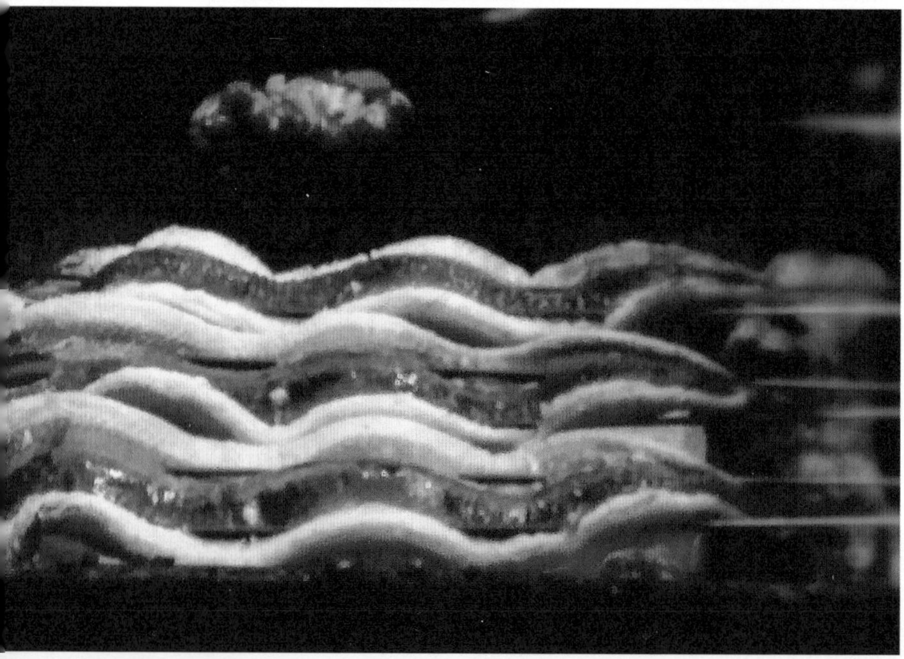

蒲燒鰻大多是先將鰻魚蒸過再烤，這是日本關東的做法，把多餘的脂肪除掉順便去腥。關西不會用先蒸方式，烤出來的鰻魚較香脆，而關東的則比較柔軟。

量進食，被稱為「落ち鱧」，秋天的海鰻最肥美，常與松茸結合，配搭上湯葉、鰹魚湯底和其他食材製成土瓶蒸，吃前擠幾滴金桔汁吊味，清爽的湯底，加上松茸獨特氣味，帶出細膩的味道與口感。

寒冬最易令人想起打邊爐、煲仔飯、煨番薯，圍爐取暖，是一些人整個冬天的最大樂趣。三五好友圍坐一起燒烤、喝酒談天，烤聲滋滋，烤肉的香令人放鬆，吃一頓溫暖美味的烤肉，好像就能收穫幸福。坦白說，我對打邊爐、燒烤的興趣不大，相比之下我寧吃鐵板燒，真正高級的鐵板燒都走法國料理路線，取其烹調技巧去處理食材和醬汁，精髓在於用新鮮時令食材，加上廚師巧手廚藝，帶出食物最原始的風味，通常廚師都喜「同場加映」他的獨門特技，讓你在享受那肉汁橫飛、火氣撲鼻之餘，看到廚師如何憑着高超的技藝和工夫，精準掌控火候與食材，牢牢捉住食客的胃。

飲食根本是每日生活的一部分，甚至是大部分，否

順德是出名魚米之鄉，加入新鮮鯪魚肉來做藕餅，做出來鮮甜美味彈牙，再加惹味蝦米煎得爽脆可口。

則就不會說是「為口奔馳」。每天我們從「食」中可以引發很多思考，除了味道，還有食物的來源、產地、質素，好壞的標準是甚麼？為甚麼會有好吃或不好吃？怎樣才能吃出味道？據四時季節定律，春宜食辛，夏宜食酸，秋宜食苦，冬宜食鹹。「民以食為天」這概念已有些過時，今時今日在物質豐裕的現代社會，口腹食慾膨脹得很厲害，吃得過度就隨時會出事，同時也帶來很多疾病。所以「度」便成為一個高深學問，飲食也有其法門，甚至是哲學，飲食必須靠智慧，吃出味道時，也需有「度」，養生便成飲食的深度。養生基本原則不外乎順應自然協調陰陽，聚精會神、疏通經絡，要注重應時應景，應季應地。看前人對飲食的態度和習慣很有趣，也可從中得到哲理，會得到很多啓發。當每天飲飲食食時，我會常思考一個問題，是否應簡食、擇食，或是不時不食？

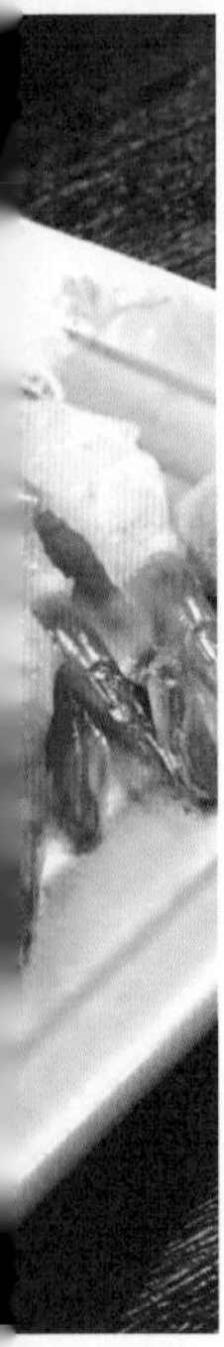

北海道牡丹蝦，是日本著名的刺身蝦王，味道甜美，肉有彈性而膠質很重，生長於深海，不易捕捉。

眾多秋季美味裡，栗子算最有人氣，賣栗子的專門攤檔有來自不同產地的栗子，可試不同口味。

在雪山下嘆熱咖啡看雪山景，即使寒冬也有暖意。

北海道海膽產量全日本第一，佔半成市場，以禮文島及利尻島產量最多。(Photo/ Bonnie Lee)

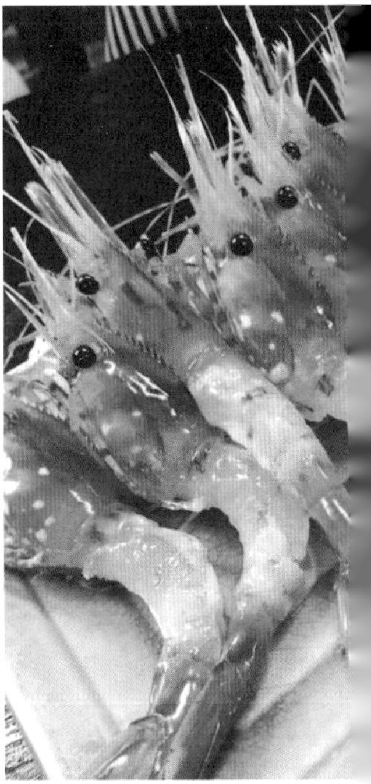

日本安納芋番薯是鹿兒島縣種子島名產，肉質綿滑，味道甜如甘蜜而不膩。

1

四季旬物吃活鮮

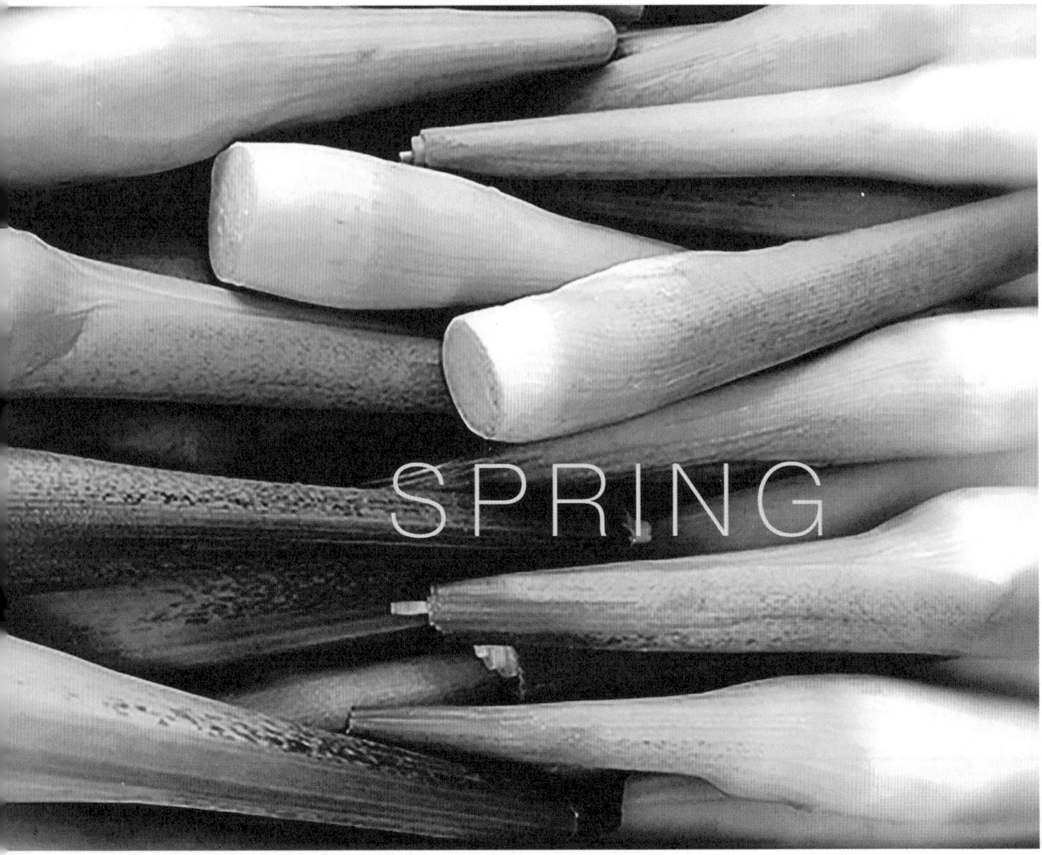

春江水暖鴨先知

春回大地，萬物復萌，到郊外探春踏青感受季節變化，沐浴於春光之際，你會在舌尖之間，嚐到春光乍洩的喜悅。即使是來一個簡簡單單的江南家常菜「醃篤鮮」，鹹肉、火腿配上嬌嫩的春筍同煨提鮮，其味極度鮮美，是那種像藏於深土中破土而出的萌芽，難怪揚州人都稱之為「一啜鮮」。好的醃篤鮮要用老雞、金華火腿先熬出奶白的湯底，然後才放春筍、百頁結文火慢燉，這樣才真的將鹹香、甘鮮、馥郁集於一煲，筍的鮮嫩加上鹹肉，這口感是豐富的。

春筍生長在立春後，破土而出的春筍，吃起來鮮嫩無比入口爽脆。掐破根部仍有汁水的，便是新鮮的春筍了。

立春後出土的毛竹筍稱春筍，有的冒出泥土，有的全部出土的叫南竹筍，烹調時無論是涼拌、煎炒還是熬湯，均鮮嫩清香。

竹筍其實四季都有，但以春筍與冬筍的味道最好，尤以春筍最令人味蕾動容。所謂春風解凍冒春芽，就像春天的野菜，冬藏了整季的日月精華，就等着大地回春，滋潤萬物時萌芽復生，所以在老饕口中，春筍才最鮮美，要吃時鮮就是這道理。

在日本很多人將春筍作沙律，他們有些小秘笈，就是在煮筍時在鍋中放一把米與筍一起煮，白米化開便表示筍剛熟，可放涼才剝殼切，沙律醬要現打鮮

醃篤鮮是春季料理，醃是醃製的鹹肉，鮮指新鮮的肉，篤是以小火慢煮，再加百頁結和春筍，以慢火細燉的湯。

— 春天滋養蔬菜生成，有不少新鮮蔬菜特別適合初春食用，取其當造，不但新鮮，狀態味道亦最佳。

造，不宜用超市貨，這種醬料才可將鮮味帶出，特別爽脆甘甜。如果加筍做湯當然美味，但我喜歡更醃篤鮮鹹甜交集的複雜味道。

春分時節，在田野山間，可見很多野菜、山菜冒出來，那一口鮮活，是屬於季節的氣味。但野菜不宜亂採，因可能被污染，買回來要認真清洗及輕焯一下才可進食。野菜的種類很多，甚麼薺菜、蕨菜、西洋菜、馬蘭頭、野芹菜、香椿、莧菜、馬齒莧等一大堆，有些宜涼吃，如涼蕨菜、香乾馬蘭頭都很好，大部分宜熱炒成各種菜式。即使是簡單的香椿炒雞蛋也香煞人。

香椿並非普通蔬菜，是香椿樹的嫩芽，有人稱之為「樹上蔬菜」，每年清明前後，香椿葉厚芽嫩，紅邊綠葉，香味濃郁可做成各樣菜式。這季節性食材更可入素饌，其香有畫龍點睛之作用，令平淡食材變出特別的味道，遠超蔥、蒜、韭等一般調味植物。當季香椿切碎，即使用一小撮來煎豆腐或拌麵

香椿被稱為「樹上蔬菜」，是香椿樹的嫩芽，春季穀雨前最鮮嫩，每年只有十幾天的賞味期。香椿自帶濃烈獨特的香氣，最簡單是香椿炒蛋。

筋，都會芬人齒頰，頓生姿色滿庭芳。

北宋大文豪蘇軾不但有文采，更是位美食家，嚐遍大江南北各地料理，自創的東坡肉、東坡羹一直流傳至今。他寫過很多有關佳餚名饌的詩文，曾寫過首詩：「竹外桃花三兩枝，春江水暖鴨先知。蔞蒿滿地蘆芽短，正是河豚欲上時。」

寥寥幾句，已寫出了早春的優美景象，這首詩看來更像張菜單，竹林、蘆芽、桃花，帶出初春的美食、肥美的鴨子，蔞蒿野菜夠鮮嫩，二月水暖河豚肥，河豚是季節洄游性的魚，來回有序，如春天開花一樣，充滿季節性的魅力。有說春天吃鴨最好，也有說秋鴨才肥美，而夏天因炎熱，鴨子愛出汗故當春天河水解凍，寒意仍未消失，水溫的變化，令鴨子最先察覺初春江水回暖，便迫不及待入水嬉遊。

會肉柴，到秋風起，體內儲存足夠脂肪，便是最肥美的時候。家禽中以雞最為普遍和最受歡迎，雞的料理繁多，有時吃到厭，所以我很多時反而喜吃鴨，管他春鴨秋鴨，現在已不分季節沒有「休鴨期」。

各地都有特色的名鴨，其中揚名國際的自然是北京填鴨，分「掛爐烤鴨」和「燜爐烤鴨」兩大流派。從前是宮廷食品，烤鴨的肉質肥而不膩，外脆內嫩，曾被譽為「天下美味」。很久以前曾到北京拍全聚德烤鴨，但我沒被感動，不過是吃名氣，幾間後來居上的，烤得更出色。其他如南京鹽水鴨，原來已有兩千五百多年歷史，鹽水鴨的製作歷史悠久，具香、酥、嫩的特點。成都樟茶鴨屬於燻鴨的一種，製作嚴謹考究，吃起來酥脆爽嫩。上海八寶鴨着重

肚內配料，做得色澤紅潤腴香濃溢。相比下我還是喜吃廣式燜八寶鴨，餡料豐富，家鄉釀米鴨、酸梅鴨、本地明爐燒鴨，甚至法國菜的油封鴨腿、煙鴨胸都很好吃。中式菜譜很少單煮鴨胸，因為鴨肉帶羶味，不似雞胸肉那麼方便料理。

法國油封鴨腿（Confit de Canard），原是來自法國南部的鄉村料理，已成為一道名菜，「Confit」（油封）是從前還未有雪櫃，為保存食物而研發出來的一種料理方式，所謂「油封」是用鴨油將鴨腿完全浸泡，以小火低溫燉煮數小時，再利用油脂在低溫時凝固的特性，把鴨腿完全密封，等到要食用時再將鴨腿取出，稍微煎過便可吃，鴨皮比油炸酥脆，鴨肉比燉煮軟嫩，是很特別的烹飪方法，據說油封鴨腿還可存放一年，而且愈久愈香。

暮春候河豚，河豚最美味的季節是每年的十二月到

家鄉釀米鴨有很多做法，重要是入味，鴨要經長時間燜煮，纖維才可軟化，滲透鮮甜肉汁才好吃。

——栗子炆鴨可試以啤酒代替普通料酒入菜，去腥提味口感酥爛美味，加入板栗一起燉，口感層次更多。

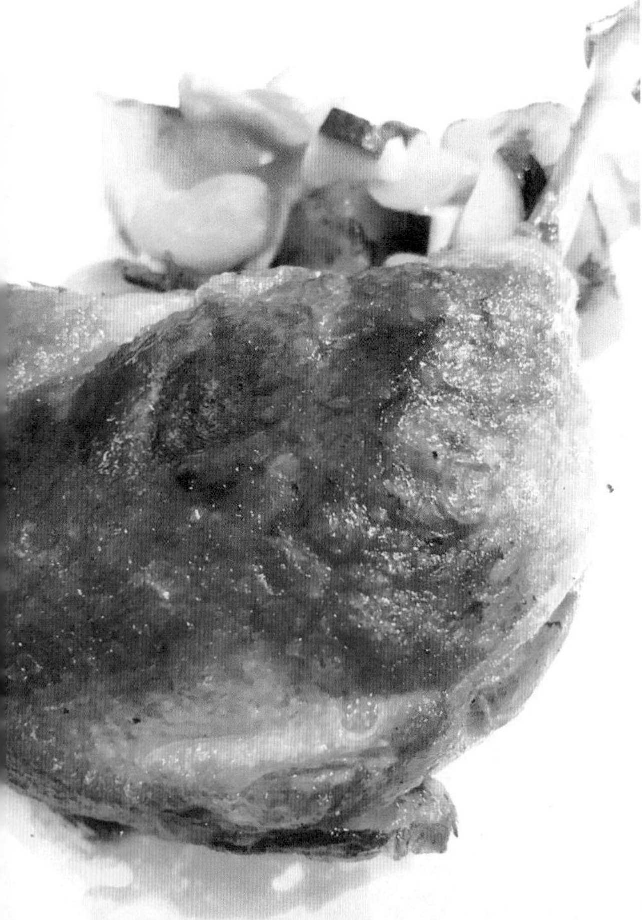

——油封鴨腿（Confit de Canard）是法式料理的功夫菜，把鴨腿泡在油脂中用低溫小火慢慢煮熟，是法國傳統保存食物的一種特殊方法。

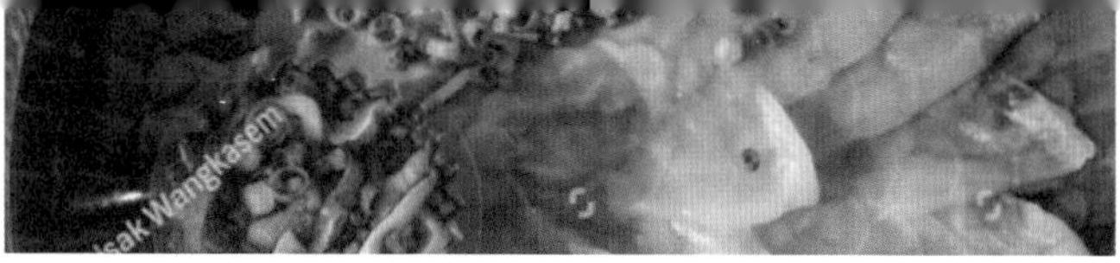

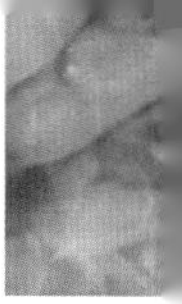

次年三月，日本人喜歡在冬天吃。在國內，春天才是吃河豚的最佳季節。此時的河豚從大海洄游產卵，肉質最肥美，但體內毒素含量也最高。河豚種類有上百種，日本法令容許食用品種只有二十二種，公認最美味的是河豚之王——「虎河豚」。河豚差不多由頭到尾都可作料理，日本有很多全河豚餐。

河豚毒性很烈，這非同小可，不可隨便亂吃，日本不能隨便劏河豚，廚師要領專業牌才可動刀炮製，這是最考工夫的一道菜，河豚刺身講究的是薄，每片精準到一毫米的厚度。為保持河豚的肌肉紋理和口感，每片刺身都切成三角形，薄如蟬翼半透明，老饕認為只有這形狀，才能嚐到魚肉的鮮甜。我在日本吃過很多次河豚，高手做刺身可切得薄如紙，鋪上碟透明得不覺是魚肉，一般在專門店吃河豚料理都會荷包出血。最近一次吃河豚宴，由頭到尾都是以河豚不同部位做不同的菜式，可能吃得太多竟令口腔有點麻痹，不知是否輕微中毒，擔心了一晚，此後引以為戒不敢再碰了。

日本不能隨便劏河豚，每片要切得薄如蟬翼才可嚐到魚肉的鮮甜。（Shutterstock photo）

五月天，還在吃春嗎？

有沒有發覺，現在時間過得很快，這邊廂剛在談春回大地，那邊很快就進入炎夏，食慾都大打折扣。幸而在這個春雨驚春清穀天，都嚐到些好東西來清新我的味蕾。想知有甚麼好吃，最好多去逛市場，這指標錯不了。不管到甚麼城市，我例必到當地的菜市場看看，在我來說這是很大的樂趣，到過不少地方，逛過的菜市場少說也以百計，東西南北，由俄羅斯到哈爾濱到菲律賓，其中不乏有歷史價值、有觀賞價值的，而曾經是世界最大的魚鮮批發市場在東京築地，自從被搬到豐洲之後，很多人都以為那邊已變空城。其實只有場內的商舖被搬到豐洲，位於場外的食肆、小吃甚至雜貨店依舊存

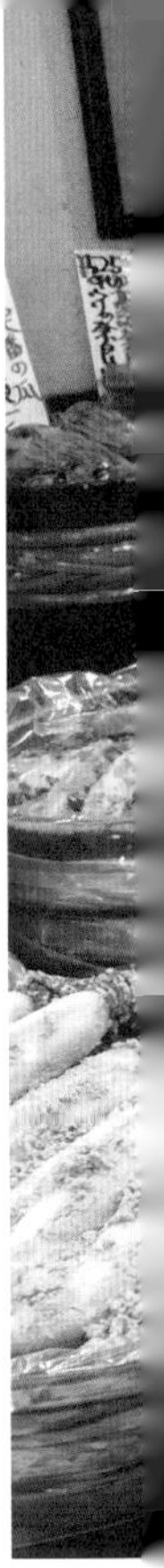

關西人夏季以「京野菜」做成漬物，沒有多餘的蒜味，僅有鹹味和植物原始的甘甜和淳樸的香氣，即使不愛醃漬食品也會被深深吸引。

在，雖然不像之前晨早已湧進大量人潮，現一到中午時段，來這裡覓食的人依然絡繹不絕。不管在大阪的黑門市場、京都的錦市場、溫哥華格蘭佛島的公眾市場，至西澳珀斯的費里曼圖市場（Fremantle Markets），都非常吸引，在三藩市，單是農夫市場

外國的市場非常吸引，資源充足，很多個體戶甚至將自種蔬菜果物拿來賣。（Shutterstock photo）

「錦市場」是京都一條不到四百米的商店街，約一百四十餘家店舖，一年四季提供各種新鮮食材與美食，被稱為京都的廚房。

已有二十多個，和 Ferry Plaza 規模相若的不少，附近很多農戶、個體戶將自種的蔬菜、果物甚至自製食品都拿來販賣，像個墟市非常熱鬧和有趣味。

我在菜市場不但見到各物產品種，也見到食物質素，見到供應量和價格，也從中知道民生的一二，菜市場可看出很多「端倪」。大廚應該最清楚，如果沒有好的貨源，大廚的技藝再好都做不出好東西，通常他們都有相熟的菜販、肉販、海鮮販，會供應最好的食材給他們，像在築地，我聽那些行家說，你以為在築地清晨五點摸上來，就可以吃到最好的海鮮？你以為那是最新鮮的？其實一等一的優質貨色全都留下給名店大廚，這些超優品質的海鮮罕有又名貴，外間根本買不到，要吃就到名店吃吧。所以「好吃」的地方，就必有好的活鮮市場，這是錯不了的。

嚐鮮嚐活，春夏之際，日本菜的魚少不了香魚、鱧魚等。香魚即是鮎，是初夏的使者，是很具代表性

築地雖然搬到豐州，但場外市場依然健在，遊人依然絡繹不絕往覓食。（Shutterstock photo）

野生鱧魚魚脂最豐富鮮甜，可做壽司、天婦羅。（iStock photo）

的河魚，因在河流清澗生長，主食青苔，野生的鮎帶有清新香味故叫香魚。香魚骨細，最宜鹽燒，烤得香脆，連骨連內臟也可吃，內臟雖帶點苦澀但整條吃起來就甘味與共，烤出的魚香帶點類似西瓜、蜜瓜的香味，如果是養殖魚便沒這特性，有很大差別。優質野香魚可長至三十公分，能做刺身，如作燒烤味道也特別香濃，故又稱為「一尺香」。

至於鱧魚，野生鱧魚最好的產地在日本瀨戶內海、德島沿海等地區。一年最肥美的時間是五月梅雨過後，魚脂最豐富最鮮甜。鱧魚可做壽司、天婦羅，也可將魚焯熟過冰水，然後澆酸酸的梅醬，口感頗特別。鱧魚不便宜，原是關西之美食，關西與關東從來「勢不兩立」，我兩邊朋友都有，他們從來都對對方不以為然很有趣。關西人認為他們才懂吃才有吃的文化，看他們吃鱧魚就真有點道理。因鱧魚多骨，他們有一套切魚的工夫叫「骨切」，鱧魚皮很厚，而最多刺的是鱗皮位置，故烹煮前先經「湯引」，即是讓剛焯熟的魚皮過冰水，鎖住皮下脂肪

才作「骨切」，大廚以一吋刀、二十五下之絕技將魚骨切碎，這種切骨不斷皮的工夫，簡直絕技，然後魚肉在水中如花綻放有若白牡丹，故又名「牡丹鱧」，吃起來脆口，難怪可成為京都的一道名菜。

有種時鮮叫塘鱧魚，同名不同種，樣子頗難看，巨口細鱗色黑尾圓，頭大而多骨，鰭如蝶翅。喜藏於水底附土而行，故又叫土附魚，體形雖小，但卻肉質細嫩，極為鮮美，紅燒、清燉皆宜，我在蘇州嚐過原條燉蛋，魚的賣相難看有點嚇人，老饕認為一定要原條，魚肉比蛋還要細嫩，但細而不碎，嫩而不爛，果真佳品。有些魚的外表確很醜陋，初看令人反胃怎也想不到原來竟是美食。被譽為日本三大名魚之一的鮟鱇魚，奇醜無比，但其魚肉緊實脆彈，膠質豐滿肥腴，全身七個部位，魚鰭、皮、肝、胃、鰓、卵巢及魚肉，都可製成美食菜餚，尤其魚肝更是整條魚裡面最美味的部位，有海洋鵝肝之美稱，換了是我，可能連魚頭魚骨也不錯過，相信放落生滾粥，必鮮美莫名。

鮟鱇魚被譽日本三大名魚之一，肉質緊實脆彈肥美。（iStock photo）

至於真鯛可被稱為日本的國魚，一般人以為金槍魚最具代表性，但日本人已快吃光了世界的藍鰭金槍魚，現在一條大金槍魚可在魚市場賣出天價，想不到這種紅肉魚在江戶前還不過是種下價魚，當年並不受歡迎。真正有地位的是白身魚，其中便以真鯛地位最高，鯛魚料理有上千年歷史，從繩文時代、彌生時代到江戶時代，自古由皇室、貴族階層至大戶豪門都以鯛魚作為盛宴的主角，是所有節慶、喜宴、大日子不可缺的吉祥食物，其他都要靠邊站，這就是真鯛。

至於櫻鯛其實也是真鯛，在春季櫻花期所捕獲的叫櫻鯛，魚身在那段時間特別嬌嫩，肉質也特別鮮美，在夏季產卵後，肉質味道都會變差。真鯛屬高階的白身魚，魚肉主要由快肌纖維組成，色澤晶瑩，味道淡中帶鮮甜，主要富含甘氨酸，比金槍魚多三倍以上。也有野生與養殖之分，養魚色澤較暗沉，當然不及野生的色澤光亮，味道也好得多。在日本，講起真鯛有很多的學問和故事，今天能吃到海捕野生真鯛的機會已愈來愈少，連壽司之神小野二郎也不做鯛魚壽司，他說養殖的做來幹甚麼？

隨着濫捕、環境生態的改變，很多美食已一去不回，鰣魚便是其中一種消失的美味，近期在某高級食肆吃了一扇花雕蒸鰣魚，完全不是那回事。其實鰣魚已基本上絕跡，我是指正宗長江的野生鰣魚，

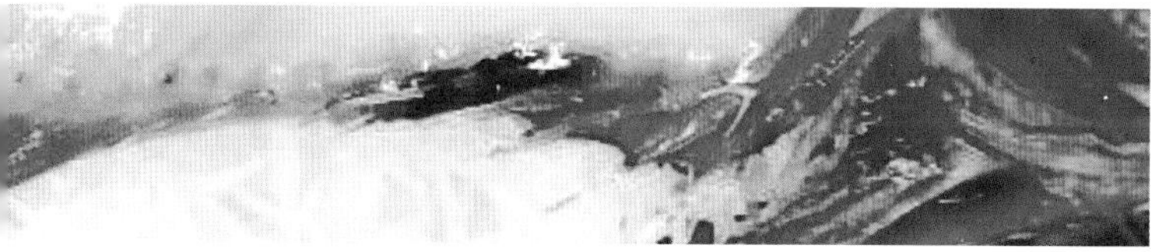

喜知次這條有如大眼雞的紅魚，有點像金目鯛但較細小，可說是日本深海魚的魚王，每逢秋季至初春屬該魚的盛產期，魚脂特別肥厚，使其肉質更加美味。

據知早在上世紀九十年代中期已消失，現在吃的多是東南亞貨或來自美洲，品種不一，味道差之千里。我有幸在二、三十年前，常在香港的老正興及蘇浙同鄉會嚐到其油脂甘香，尤其是濃厚香脆的鱗片夾着酒香油脂，真是天下美味，張愛玲說恨鰣魚多刺，如果鰣魚沒刺，還值得吃嗎？

春天到初夏是不少魚的產卵期，雌魚會儲存大量脂肪。春日求旬鮮自然要吃「春」，一般的「春」指魚蝦蟹之卵，經典是鯽魚春、黃魚春和禮雲子，代表了春日時令的高潮。禮雲子即小蟛蜞之卵，從前鄉間田多，污染少，蟛蜞到處橫行，屬田間美食，現今買少見少，從前在鏞記尚可來個禮雲子撈麵，偶爾吃禮雲子蒸柚皮，但現在連像樣的蒸柚皮也不多見。有次聽生記的老闆娘講解炮製靚柚皮的方法，是極花時間的手藝，今天誰願花這些精神去製作？

螢光烏賊是北陸富山的春季時令海鮮，每年三至五月，螢光烏賊遊到富山灣，晚間浮上水面產卵，會發藍光照亮富山灣海面。

試過燦若雲霞的禮雲子蒸柚皮，也成絕響了。退而求其次，試試鹹香結實的三黎春或白鯽魚春焗煲仔飯也是馥郁鮮甜的。

春日的甜點，來個多層次的布甸，法式甜品加入煙韌適中的日式麻糬，帶出完美豐富口感。

我差點忘記了富山螢烏賊，日本叫「ホタルイカ」，也是我不能錯過的時旬佳品。這種螢烏賊很有性格，是富山灣的特產，富山灣位於日本北陸地方東北部，是個不可思議的海灣，灣內有一個V形的海底山谷和海底林，深不可測，由於深水海域有極豐富的礦物質及有機物，故聚集了大量海洋生物，每年的三月至六月大量的螢烏賊到海面產卵，使整個海灣發光，幽藍一片，蔚為奇觀，富山灣的螢烏賊也因此成為世界自然遺產之一，吸引各處遊人特往觀奇景。螢烏賊生食、熟食均宜，味道超鮮美，帶着海洋的鮮腥美味，很合適作為前菜，我寧願簡單直接，略蘸醬汁，一口一鮮魷，爽滑彈牙，佐以清酒已是人間美味。

清明前後梅子盛產，正是釀梅酒好時機，把握產季釀一批，讓整個夏天都充滿梅酒香。

講了這麼多春夏旬物，也是時候來說些甜點，如在香港，我推薦你不妨去試試兩間抹茶名店，都是有百多年歷史的京都茶室，中村藤吉（一八五四年創立）和京林屋（一七五三年創立），兩間名店以前都要排隊入座，都歷經幾代經營茶屋、茶園，製出

——野生西班牙紅蝦被譽為世上最好吃的大蝦之一，只能捕捉不能養殖，產量少而價高，被世界各地高端的西餐廳列入菜單。

正宗的抹茶，如不嫌貴，可試試京林屋的「天下之昔」，是進貢給伊勢神宮的貢品，抹茶粉用上乘手摘茶葉磨成，味道濃郁豐腴，但如要體驗更好的茶道，大概要親臨京都才可體會到那種禪境了！

——香魚在夏日是非常受歡迎的料理，肉質細緻沒魚腥味，入口後散發一股淡雅的獨特香味。

——日本旬的概念，是將秋冬春夏，各個節氣，次第入饌。刺身、壽司的可貴處，也就在於新鮮時令。不時不食，這是最基本的理念。

不管春夏秋冬，四季都有不同時鮮可作刺身或壽司的。

烤魚永遠受歡迎。

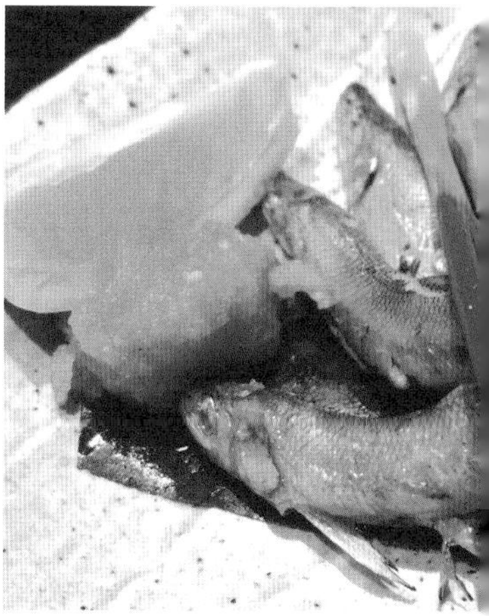

夏淺勝春最可人

不久前，傍晚返家時，在寒舍前竟意外碰到周潤發，很久沒見他，近年他已成了個專家，是「行山專家」和「自拍專家」，經他振臂一呼，隨着他去行山的圈內人愈來愈多，令我想起《阿甘正傳》（Forrest Gump）內的一幕。阿甘成了跑步專家，環國不斷地跑跑跑，結果追隨者一大堆跟着他跑，某天阿甘突然不跑了，隨行者頓時失落，不知某天周潤發突然不行山，後邊那堆人怎麼辦？他也是街知巷聞的「自拍專家」，甚麼人遇上他都被他拉着自拍，奇怪那天竟沒拉我拍，只在路上聊了好一會，他說經常到此附近行山，他「周山跑」已不是

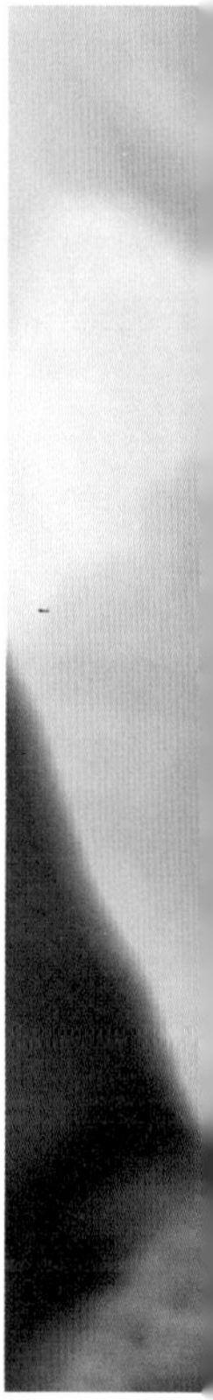

和菓子中有一種錦玉羹，多是用寒天粉做的果凍，其中以游水金魚造型最可愛，很有透明感，炎炎夏日看上去已覺清涼。

新聞，竟跑到我這邊確見他真的到處跑，見他精神很好，羨慕他的耐性和體力，可能與他在南丫島長小，是個從小便到處跑動的野孩子有關。臨別時，他再三叮囑我最少每天要走一萬步，我聽到都有點累了。

春回大地一點都沒錯，轉眼大自然又充滿着生機，晨早上山下鄉跑幾轉，不但空氣清新，踏青之間，更感受到萬物蠢動，處處像蓄勢待發，這就是大自然的感召，季節的氣息令人精神為之一振。

我對野菜的感覺很特別，對大自然的珍味，最好是趁新鮮食，這是最原始、最原味，不管是野菜、山菜或筍。初夏的嫩莧菜正當吃，不過現在的農場已將莧菜種得愈來愈粗壯，失之嬌嫩，要知莧菜要幼嫩才有那種滑溜感，入口如吃箸幼麵，不管是金銀蛋莧菜、蒜子莧菜或上湯莧菜，都宜嫩滑才有那種口感。如果做成莧菜豆腐羹或莧菜魚茸羹就更加美味，可惜魚茸羹的製作工夫很多，要拆肉成茸，這

最佳飯後甜品蜜柑啫喱，啖啖果肉，標榜高纖低脂肪，低膽固醇，是健康甜品。

莧菜是夏秋兩季的當令時蔬，在五至十月的當造期特別好吃。傳統莧菜有兩種，白梗的莖葉較嫩，紅梗口感較粗糙。

蓮藕做法很多，既可炒可煲又可涼拌，平時做的涼拌藕是鹹味，可試做酸甜的涼拌藕，酸酸甜甜也很好吃。

樣的工夫菜注定從餐牌上消失。另一味黃沙膶浸枸杞也很少在餐牌上出現，因為主角是黃沙膶，是豬膶中最頂級的，要養殖一年以上的豬才有這樣的粉肝，新鮮豬膶要徹底清除筋膜、纖維，吃起來才會嬌嫩「起沙」、不腥，與枸杞之甘甜帶澀味混成一體，吃不慣可能嫌枸杞苦，但沒有這特色還算是枸杞嗎？在香港，到生記還可一試他們這個「招牌菜」。

春天旬物的大主角是春筍，我見到處都以春筍作為季節的主打，如果到京都差不多每個食店都少不了春筍的料理。筍的種類很多，吃法也很多，我對野菜的感覺很特別，對大自然的珍味，最好是鮮食，這是最原始、最原味、最新鮮的，哪管是野菜、山菜、春筍或白蘆筍。

另一個值得鮮食的是白蘆筍，白蘆筍是高價食材，其實也是蘆筍的一種，不過種植方法不同，青蘆筍要露天種植，以吸收陽光，而白蘆筍則相反，要不見天日，全程要遮蓋種植，聞說連採收都要在夜間進行。白蘆筍有豐富的微量元素，營養更高。白蘆筍產量少，培植難，所以價格比青蘆筍高數倍，其中以德國、法國、意大利所產的為最好，高級貨色

筍的種類很多，吃法也很多，春筍冬筍都美味。

白露筍是高價食材，產量少，培植難，最宜鮮食。
(Shutterstock photo)

會根據產地、產量、形狀、色澤、味道等細分等級，三A是最高級也是最貴的。我覺得吃白蘆筍不需多此一舉，最美味其實是去皮現吃，新鮮白蘆筍有汁液，白滑清甜，不需要加調味料。

它與雅枝竹不同，雅枝竹又叫朝鮮薊，盛產於歐洲南部，雖常年有出產，但仍以春天為當選期，這菜

雅枝竹外形奇怪，其實是花朵，花蕾由層層又厚又硬的花瓣包裹，有些外形圓圓的，有些尖尖的頭部還帶倒刺。這洋薊味道特別，是地中海地區飲食中不可缺少的蔬菜。

處理很煩，因只吃中間根部及芯，故此烹調前先要像解剖般處理這東西，剝開層層厚皮，又要浸檸檬水防氧化，但配上意大利火腿中和了火腿的油膩混和鹹香，是可口美味，就像 Parma Ham 配蜜瓜或無花果，有異曲同工之妙。

如果喜歡山菜或可選這時間試天婦羅，素食各色野菜也是不錯的，日式野菜有當地特色，如草蘇鐵、露之塔、菜之花、山菜芽等等都是原地空降，較少在市面見到，這些野菜都帶點草澀，大概這就是春夏的味道。在炎夏來臨前，記着盡嚐這季節的美味，如果你訂到位，不妨到大班樓，恭喜大班葉今年榮登亞洲五十大餐廳的榜首，確為中菜爭光，可先來個九層塔甜醋醃漬小番茄配上香茅沙葛和鹹蛋

金黃的「蔬菜天婦羅」是日本人很常吃的家常料理，蔬菜有不同軟硬度，所以要炸得好吃是很考功夫，而脆弱的葉菜類則宜輕炸才合適。

野菜天婦羅其實沒限用甚麼菜，只要是季節性蔬菜都可成為野菜天婦羅的食材，甚至山菜也很有風味。

乾蔥拌涼瓜作前菜，在這春天清新你的味蕾！

年前，我一位老朋友特邀我遠赴其潮州秘店，要我一嚐其正宗的潮州美食，他特別準備了最正宗的澄海鵝、鵝肝、春菜排骨煲、欖菜、菜花、魚蛋紫菜、雜魚煲等等一大堆，是近年最有味道的一頓潮州菜，與不久前在上環尚興潮州菜館吃了頗豐富的午飯，味道各有千秋，但消費有天壤之別，奇怪令我回味的竟然是那碟欖菜菜花和春菜煲。春菜煲一年到晚都有，但既叫春菜當然要選合時，太黃太綠都不好吃，要稔軟，結合黃豆排骨或火腩，加上鮮魚露才帶出味道。

這個時間吃鵝最佳，澄海獅頭鵝是純種鵝，骨架大肉厚脂肪少，鵝味特濃。這種鵝特別大隻，是走地鵝到處跑會追人咬，所以肉質是特別好有嚼勁，是其他的鵝無可比較。獅頭鵝全身是寶，由鵝頭鵝頸至肝腸都好味，我期望下次再嚐到正宗的澄海獅頭鵝的頭頸。

嬌綠春菜，以一字排煮春菜排骨煲。排骨煮得酥軟，春菜煮腍後減去辛味，再加一把黃豆，湯極清甜。(Photo/ Eric Yeung)

潮汕人最喜做雜魚煲，海魚原汁原味的做法，湯汁鮮甜魚肉鮮嫩，尤其生啫野生雜魚煲，海捕即啫，不用加水灼到熟，肉質極鮮美。

一碗魚蛋粉的標配是河粉、魚蛋、魚片和一勺蔥花、炸蒜和冬菜。好吃的魚蛋要爽彈有魚味、河粉滑潤不易碎、湯底清澈有魚香。

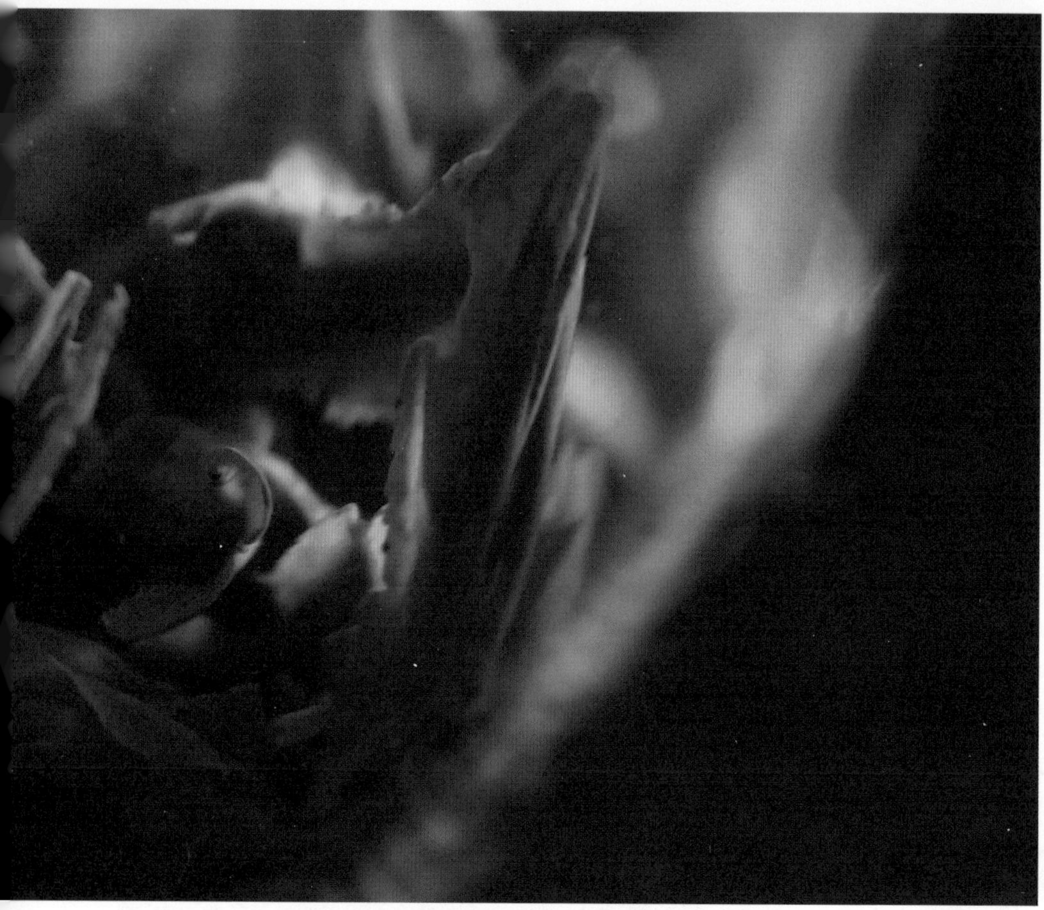

清明梅雨灑江南

「清明時節雨紛紛，路上行人欲斷魂。」這是唐代詩人杜牧的名句，有說這詩在江南寫成，江南的梅雨季節婉約唯美，令人的心都隨之柔軟，在清明前後的日子，江南細雨紛飛，晚春的雨沒寒意，乍晴乍雨頗紛擾，春花隨着細雨落下，艷麗依然，春夢了無痕，浪漫纏綿有若情人的熱吻。當然杜詩人寫的煙雨淒迷似哀傷多過浪漫。習俗上，清明確是一個祭奠亡靈和思念親人的日子，給前去祭祖掃墓的人多添一份莊重的儀式感。不過清明節的美好原意是「氣清景明，萬物皆顯」，故稱「清明」。在古代，清明卻是歡樂日子，這天家家戶戶扶老攜幼，提着

——西湖龍井茶有獅峰，龍井，雲棲，虎跑，梅家塢五個核心產區，以獅峰為上品，且以明前茶為上乘珍品，茶葉色綠香郁，味醇形美。

冷食到郊外踏青、放風箏，遊玩得不亦樂乎，這就像今天去行山野餐一樣。

古時距清明節前一兩天還有一個寒食節，是清明節的源頭，現已沒太多人記得，反而韓國還保留在寒食節祭祖的習俗。寒食要吃冷食，不知戶外野餐是否也起源於此，在外國不管歐美或是日本，野餐文化很普遍，甚至精緻化，反而在本地，你甚少看到有人攜着雅致的野餐籃，帶上別緻食物，在郊外用精美鋪墊，講究得成為生活美學。此間反而多見鋪報紙、膠袋，來來去去只識BBQ，搞到烏煙瘴氣、遍地垃圾。奉勸下次如果想來一場有質感的野餐，

選點最重要，除了山明水秀，最好看清楚環境，一定要遠離這班大煞風景的「嘩鬼」，否則你只會「嘔血收場」。

在廣東一帶的鄉間，清明時仍會製作青糰，客家雞屎藤茶粿可算是青糰的一種，聽聞此間圍村做的又有不同風味，可能問鄧達智會較清楚。清明時節還有很多地方小食，也是吃螺螄的最佳時令，因為這個時節的螺螄尚未繁殖，最為肥美豐滿，故有「清明螺，抵隻鵝」之說。螺螄肉質嫩膩甘美，吃起來清甜爽脆鮮美無比，有說與法國蝸牛平分秋色，可惜今天田野污染嚴重，多好的美食都要小心為妙。

清明時節吃龍井蝦仁也合時，此杭州菜雖一年到晚都可吃到，但正宗龍井蝦仁所用的龍井和一般喝的龍井茶葉不一樣，很講究季節，要選用清明前後的龍井茶，而且必須是杭州西湖的新鮮龍井，因這時候的龍井剛生出來，芽葉碧綠既嫩且有清香，色澤雅致，配上白玉鮮嫩的小河蝦，就變得滋味獨特、

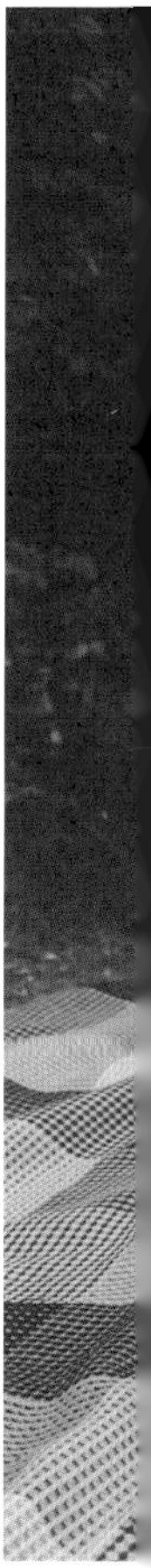

不管歐美或日本，野餐文化都很普遍，而且日趨精緻化。（iStock photo）

花螺其實比螺獅更美味。

明前螺賽肥鵝，清明前隨着升溫，休眠螺螄紛紛爬出泥土，此時的螺螄肉質最肥美，是上市的最佳時節。

別具風味。茶葉入饌，由來已久，但講究到用龍井，相傳始自乾隆皇下江南。正宗龍井蝦仁有季節性，選用的龍井和一般喝的龍井茶葉不一樣，要用清明前後的龍井茶，而且必須是杭州的新鮮龍井，這時候的龍井剛剛生長出來，茶葉非常的嫩，香味也非常的淡雅，當然價格也非常昂貴，做出來的龍井蝦仁自然精緻味美。

杭州有很多地方盛產龍井茶，其中最好喝的是獅峰龍井，因獅峰的土質較好，產出來的龍井茶從前是獻給皇帝的貢茶，最好喝也最矜貴。在八十年代初，內地仍未算開放，我首次帶着日本夥伴往杭州公幹，當年的西湖，碧波蕩漾、風景秀麗但遊客稀少，只見寥寥數人泛舟其中，感覺卻極閒逸舒適。某天我請了個嚮導，包了輛專車，特別到龍井村參觀茶園。久聞龍井這地真是有口井名「龍泉古井」，據說這井從南宋時已有，水質特別甘甜，用來泡龍井茶特別好喝。龍井村周邊有無數的小茶農戶，那天我特意參觀了幾戶，喝了幾杯龍井，果然

龍井蝦仁是杭州名菜，用鮮活蝦仁配以清明節前後的龍井茶嫩芽烹製而成的，有茶葉的清香及蝦的鮮美，滋味獨特。

杭州盛產龍井，龍井周邊有無數的小茶農戶。(iStock photo)

好味，便急不及待買了幾大包茶葉，自以為如獲至寶，當年幼稚的我以為龍井可以像普洱般慢慢珍藏，結果日後才知龍井原來是要喝新鮮合時的，且不宜儲存，最後這幾包茶葉全部要廢棄，買了個教訓。

傳統的獅峰龍井是指獅峰山上所產的茶葉，但在獅峰山之外，即使是龍井村出產的也不能叫獅峰龍井。純正的獅峰龍井並不是翠綠色，而是呈嫩黃，有天然的糙米色。茶葉扁平光滑，無絨毛，手感滑而重，葉片偏大，容易碎裂，從色感、顏值來看其實只是一般，但泡起一喝便知龍與鳳，茶沖泡後散發出豆花或板栗香，鮮醇柔和，啜之馥郁若蘭、滿口生津，甘鮮之味久久不散。獅峰明前龍井在綠茶中被視為最優質的綠茶之一，由新長出的嫩芽製成，品質最佳。明前茶的採茶時間為清明節前，採摘時間一般只有十天。

西湖龍井一般在三月已有明前新茶上市。而雨前茶也叫二春茶，採摘時間一般都在清明後、穀雨之前，上市時間一般是在四、五月份。兩種茶的外表特徵不同，西湖龍井明前新茶的茶葉壯、短、嫩，嫩芽像蓮子的芯，所以有時也將這種茶喚為蓮心。而雨前龍井的茶葉則細、長、老，這種茶除了有嫩芽外，形似旗如槍，故稱「旗槍」，還有立夏前採的三春茶，採一芽一葉或一芽兩嫩葉，葉形如雀舌，故稱「雀舌」。而立夏後採摘的四春茶附帶茶梗，故稱「梗片」。

龍井茶的等級以採摘時間區分，「明前龍井」最珍貴，「雨前龍井」次之，其實也不錯。往後等級由極品、特級、一級、二級、三級至四級不等。其中有貢茶等級的「明前」，身價動輒以十萬計，有錢都未必買到，最好品質的茶應該已被國家生產大隊收起上繳中央。獅前有價，蜚聲千百年的「明前龍井」有點像靚紅酒，往往要「睇天做人」，像有年春盡杭州仍有寒意，茶樹遲遲不肯露芽，嚴重影響

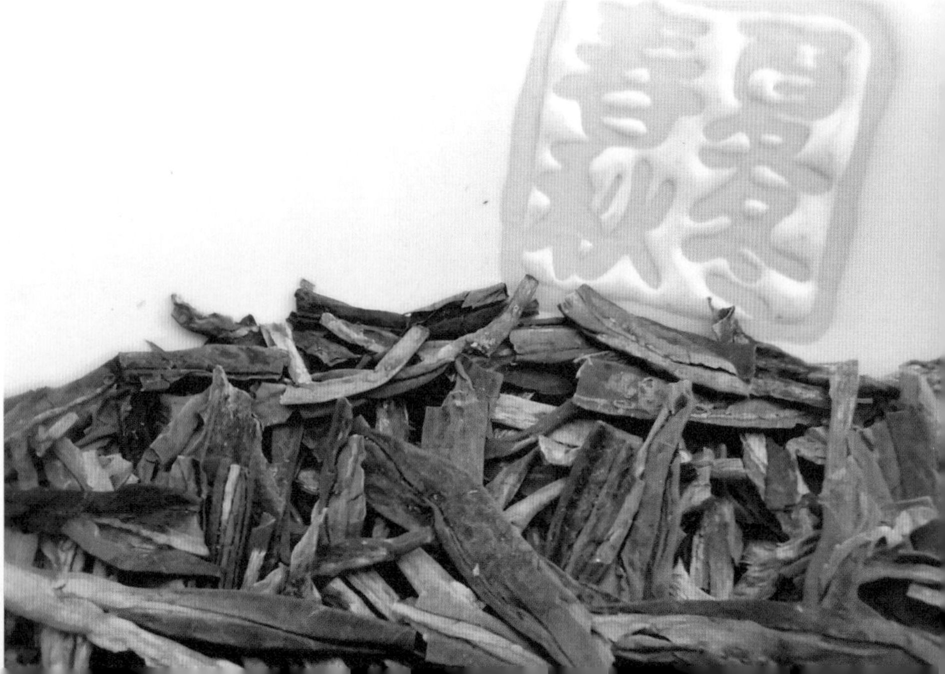

相對明前茶，雨前茶沒那麼貴，是清明之後，穀雨之前採的嫩芽，也叫二春茶，都是值得飲的好茶。

喝龍井，除了品味還具觀賞性，泡茶不宜用紫砂瓷器，透明玻璃杯反而合適觀賞沖泡出的茶葉形態，茶葉上下舞動可充分的體現出來。

收成，「明前」成不了「明前」，天氣不夠暖，嫩芽剛冒便要匆忙採摘，那就成了失收，產量少自然令茶價急漲了。

沖泡龍井茶要有點學問，水不能太燙，水溫以攝氏八十至八十五度最為適當，如用全沸水沖泡會把茶葉燙熟，頭泡便苦澀，二泡、三泡會無味。泡茶最佳是高沖低斟，高沖茶葉易展開，低斟可保持茶湯熱度和香氣。龍井茶以頭三泡為最佳，宜慢慢品嚐。龍井茶除有極佳口感外，還是一種可供觀賞的綠茶，沏龍井應用高透明度的玻璃杯，泡茶時傳熱快，可清楚看到茶葉在整個沖泡過程中的變化，葉片慢慢舒展變化，吐露不同的茶湯顏色，茶芽朵朵在杯內輕霧飄渺，上下翻動浮沉、旗槍交錯，我喜歡凝望這種變幻，用玻璃杯就能夠將這些美態呈現，所以沒有人用紫砂壺去喝龍井。

荷葉蒸雞用鮮嫩肥美的雞件，伴以鮮淮山、冬菇、紅棗、雲耳、金針、蟲草花等配料，肉質細嫩可口，滋味鮮醇，兼具鮮荷葉之清香。

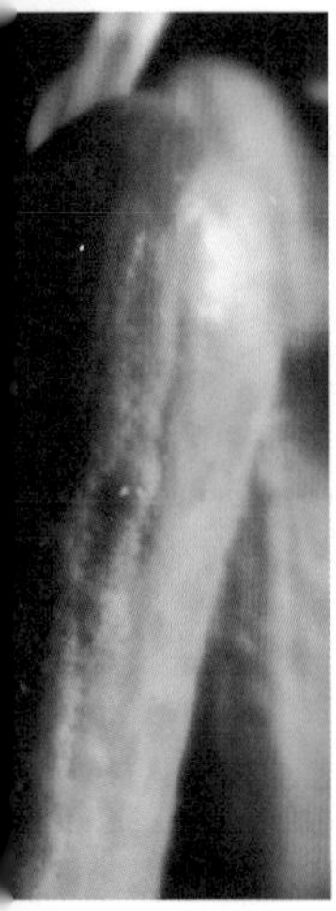

小青瓜可醃作漬作前菜。

飯桌上的冷盤小菜，漬蘿蔔是佳選，尤其上海醬蘿蔔，爽脆可口，味道稍微偏甜，但是道開胃菜。

火丁甜豆非一般的炒綠豆，實際以鮮嫩的甜豆作主體，用金華火腿的鹹香去帶出豆之清甜，成為一道特色小炒。

東坡肉為蘇杭名菜，相傳由文學家蘇東坡創製。以二寸丁方半肥瘦的五花肉加上醬油、冰糖、紹酒等調料慢火紅燒而成。

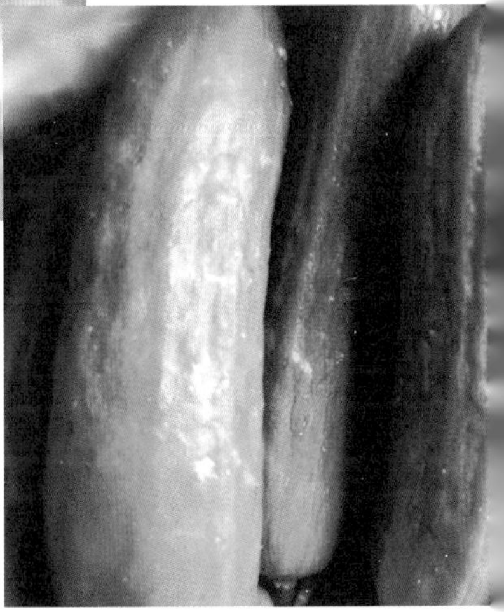

潮州菜不用吃飯，一小鍋方魚肉碎蠔仔粥是佳選。蠔仔每粒飽滿，湯飯加入香芹、冬菇、冬菜、肉碎及方魚，提升湯的鮮味。

夏日的素麵

近日蒙好友招待，吃了幾餐住家菜，不約而同都以冰涼素麵作前菜，難道他們知我喜嚐素麵？夏日炎炎，如我所欲、正中下懷！日本人在夏天喜吃素麵，尤其是放在冰水裡過冷河，吃起來特別清爽涼快，味道清淡不膩。一般很少配料，甚至不加料齋食素麵，只以淡豉油作底，加上拌幼嫩青蔥跟山葵醬汁吃，已很夠風味，誠為盛夏佳品，我就是喜其夠淡、夠爽和夠涼。

素麵（そうめん）是種極幼的麵，甚至可能是全世界最幼的麵，有點像意大利的 Capellini，即一般所

稱的天使麵（Angel Hair），傳統上乾的 Capellini 直徑為一毫米以下，幼如秀髮故以名之，又或像我們的銀絲米粉，而素麵可能更幼細。日本農林水產省對不同麵的粗幼度有明確規定，一點七毫米以上為烏冬，一點三毫米至一點七毫米為涼麵，一點三毫米以下的麵才是素麵。如果是手工麵條，只要未滿

夏季不可缺少的就是來上一碗冰涼的素麵，這種庶民美食，每個家庭的做法各有不相同。但素麵規格嚴謹，麵條直徑通常要求小於一點三毫米，一點七毫米以上的則是烏龍麵。

素麵（そうめん），使用小麥粉製作的細麵條，是日本夏季的代表食物，非常具有彈性且吃起來滑順好入口。

一點七毫米，都可稱為涼麵或素麵。最幼細的素麵被稱為「神杉」，以前很難見到非常幼的素麵，因日本生產的小麥麵筋含量比較低，手工很難做到那麼幼，但現利用先進機械已能做到最高等級的幼細度。在日本，素麵的地位向來高於烏冬和涼麵，手工拉製的素麵比機製的有較好的嚼勁，口感亦比較好。

據說熟成時間愈久的素麵，味道愈好，因此，有些特殊種類的素麵會故意熟成至少一年才賣給消費者。這些熟成超過一年的素麵被稱為「古物」，而熟成兩到三年的則被稱為「大古」。行內人說，躺過一年的素麵是口感最好的。

手延素麵「揖保乃糸」新物特級使用了比上級品還高等級的小麥粉，一個工程需花費兩天進行無數次熟成以手工拉展後乾燥製成。

日本夏日的「風物詩」並非雪糕刨冰，而是流水麵。傳統流水麵就是用素麵，分兩種，分別叫「流麵」及「麵流」，兩者最大分別在於「流麵」是用竹子盛載着麵條，讓其從上往下流，人們隨水流夾着吃，配合在自然環境下進食，是進入另一種境界去享用。而「麵流」則是利用馬達讓水在圓形的機器中流動，把素麵放進去就可夾起來吃。

有說「流麵」源於昭和三十年宮崎縣的高千穗町，據說是當時一位駐當地記者在野外把煮好的素麵，放在高千穗峽冰涼的河水中品嚐，後來才把這種吃法商業化，但其實早在江戶時代的文獻中，就有提

及類似的吃法。至於「麵流」的起源地則有說在九州鹿兒島縣指宿市的唐船峽，相傳當地有天突然湧出十萬噸乾淨清澈的天然泉水，因而獲得名水之鄉的稱號，而當地居民便用這天然資源開創了「麵流」的吃法。

我覺得吃「流麵」或「麵流」都不過取其趣及意境，要吃好不如買好食材自製，連放冰塊的水我都會用特製的電解水，有高純度的清甜，像深山的天然清泉。素麵當然要挑優質的，可選在奈良三輪生產、貼有三輪標籤的正宗三輪素麵，其他有名堂的素麵工坊出品的，也有品質保障。在日本素麵領域中，具至高代表地位的非「三輪山本」莫屬，它以「世界最幼的麵」聞名，並曾獲得日本皇室「宮內省御用」資格，其製作工藝代代傳承，至今擁有三百年歷史。

素麵表面看似簡單，但其實是麵類中最難掌握起鍋時間的一種麵，煮過度就失嚼勁，但如煮的時間不夠，中間的麵芯沒煮透口感就不好，這道理跟煮意粉一樣。素麵要即煮即吃，口感就會比較好，水煮沸後放麵用筷子快速攪拌，起鍋後先將水瀝乾，再以冷水或加冰塊搓洗麵條，洗去麵條上滑潺潺的黏液，並讓麵條冷卻才蘸汁吃。蘸麵醬汁宜自製，由於素麵本身含有鹽分，因此合適的素麵醬汁中水、味醂和鰹魚削片比例是五比一比一，如嫌麻煩也可買優質的昆布鰹魚汁稀釋使用。

指保乃糸（Iboncito）的手延素麵是全日本最知名的素麵品牌，更為日本三大素麵之一。

吃流水麵，首選是京都貴船神社的料理店「ひろ文」，貴船神社位於京都左京區，據說建於一千六百年前，悠久的歷史和建築風格令人讚嘆，而其地理位置在京都鴨川的上流，川床建於河川之上，「ひろ文」依照溪流高地分成三層。第一層為正式川床料理的區域，第二層為提供流水麵的用餐區，下層則為流水麵客人的等候區。

日式流水麵（Shutterstock photo）

日本夏日「風物詩」是流水麵，在自然環境下隨水流夾着吃，也是一種意境。（Shutterstock photo）

宇治抹茶蕨餅口感煙韌，但又比軟腍的麻糬硬身一些，抹茶味非常香濃突出，配上雪糕剛好中和淡淡的苦澀。

店家將半破開的竹子搭成「竹橋」，斜放後再把水源固定在最上端，開始吃的時候就把煮好的素麵分成小束，由最高處往下放，麵順着水流而下，客人坐在「竹橋」兩旁，隨時將流下的素麵夾起，加在醬汁中品嚐，這屬於「手快有手慢冇」，很易便「走」麵。我曾去過貴船神社數次，都是為了過癮多過品嚐，其實這是道頗有意思的夏日料理，被溪水冰過的素麵爽彈可口，配上簡單的醬汁和山葵，在風涼水冷的環境下確能消暑。雖然我笑稱之為「口水麵」，但其實每人有規定的「竹橋」路線，不用怕夾到別人的麵或有衛生問題，我見每人都夾得很興奮，可說是道開心料理，吃完素麵後，不妨再試試各色夏日甜點，都是消暑佳品，如各種老式刨冰，配料千變萬化，也可試「葛切り」，即葛粉條，跟涼粉相似，都可蘸黑蜜漿或醋吃，還有各色果凍、羊羹、麻糬雪糕等等，消暑甜點何其多，但千萬在素麵之後才吃，否則素麵會顯得太過清淡。

一 夏天的代表作莫如見到西瓜，頓有消暑感覺。

別讓你的舌尖放暑假

幾年前徇眾要求，我弄了頓有意大利、法國、西班牙、葡萄牙、希臘地中海等多地菜式的「無國界」料理招呼小眾，相信不負眾望，因接連收到很多「投訴」，問為甚麼會沒份參與聚會飽醉一番。必須聲明，我絕不是廚師更無資格成廚神，不過閒來客串寫幾篇遊戲文章，偶爾弄幾味過口癮，說到底不過為食而矣！我稱之無國界料理也只是順口，因晚餐內容有意大利、法國、西班牙、葡萄牙、希臘地中海等多種菜式共冶一爐，我只求好吃並非刻意搞 Fusion 菜。認識無國界料理早於九十年代，當年曾風行一時。東京五十、六十年代的 A 貨，東西

薰衣草田每年六月開花，每當花開風起時，一整片的薰衣草田如深紫色的波浪層層疊疊地上下起伏，甚是美麗。

炎夏餐桌上的涼菜遠比熱菜受歡迎。冰鎮秋葵做法簡單，吃起來又爽口，配上芥末醬油或黑醋很開胃。

很難吃，但沒想到短短幾十年間可一躍成為眾星拱照的「食都」，原來飲食乏味單調已因國際化而搖身變得多彩多姿、百花齊放，甚麼人、甚麼菜都有，無國界料理亦應運而生，至於變成 Fusion 菜已是日後的事，今天無國界料理成明日黃花，早不是那回事了。

那天我做了各地的菜式，簡單樸實但滋味，主要是我堅持要真材實料，盡量用新鮮原產地貨源，例如貨真價實的意大利帕馬森芝士（Parmigiano-Reggiano）、莫札瑞拉芝士（Mozzarella），希臘菲達芝士（Feta）、意大利青瓜番茄、初榨的橄欖油、黑醋、海鹽等，盡量原汁原味饗客，大家吃得開心。我特別做了普切塔（Bruschetta），是意大利的烤麵包，選了多款不同的麵包去烤，其中特喜歡用鮮番茄去皮去籽切粒，混甜羅勒、黑橄欖片加初榨橄欖油合成配料，這是最普通的意大利小食，當然我還有用各色的沙甸魚做成普切塔，是很美味的。我混了幾款沙律和烤了大盤意式時蔬，還有水牛乳酪、

西班牙人最喜歡在夏天飲白凍湯，有點像我們飲凍杏仁露。（iStock photo）

意大利的番茄多士叫普切塔（Bruschetta），一定要放鮮羅勒及初榨橄欖油。（iStock photo）

秋天是南瓜的季節，隨處可見市場堆滿南瓜，煮濃郁美味的「奶油南瓜湯」連水也不用放。

正宗的「希臘沙律」一定要放新鮮的菲達（Fata）芝士，帶有鹽味，酸味如檸檬酸、橘子酸，帶點奶香與鹹鴨蛋的風味。

牛茄、甜羅勒，再灑上帕馬森芝士加大量初榨橄欖油這簡直是絕配，百吃不厭。還特別帶了鴨胸、野菌和意大利米，做個法式香橙鴨胸和野菌意大利燉飯，看見大家已飽得不能動，我都算有點安慰。

夏日炎炎，你不要跟我說沒胃口，其實尚有很多美食是盛夏佳品，像西班牙的凍湯，一般指冷燴湯（Gazpacho）和冷菜湯（Salmorejo）。冷燴湯早在古羅馬時期已出現，據聞起源於西班牙伊比利亞半島，當地窮苦人家將隔夜麵包和蔬菜搗碎混成冷湯，原是很卑微的窮家菜，時至今天，一躍成為夏日健康菜湯，更被荷里活的名人視為減肥排毒的健康潮食，風行一時。西班牙人在夏天特別喜歡凍湯，其實還有一種白色凍湯叫Ajo Blanco，以杏仁、大蒜、麵包製成。西班牙人經常做定一大煲放進雪櫃，隨時可當開水喝，冰涼透心，是夏日佳品。

夏日沙律自然少不了希臘的地中海菲達芝士沙律（Feta Cheese Salad），材料很簡單，有鮮茄、青瓜、黑橄欖、洋蔥圈等，靈魂是加入新鮮香草、牛至與菲達芝士混成美味。我對火箭菜有偏愛，喜歡將烤洋梨、無花果、核桃仁，及將一種混有薑粒的芝士擠碎，混合初榨橄欖油再加上撕成條狀的帕爾瑪火腿，便成為一道獨特的夏日沙律，這組合很美味大家可試，但必須用好的食材原料。意大利的小吃普切塔也是夏日佳選，它不外乎烤麵包配上各種美食，如番茄粒、茄子粒、牛油果粒或各種沙甸魚、鯷魚、三文魚或各種火腿、薩拉米腸等，任意配搭好味便成，這是意大利街頭巷尾都常見的小食。

講夏日鮮味怎能不說海膽，海膽的來源由智利、俄羅斯、韓國至中國都有，但始終以日本為上品，這已可從市場價錢看出來。最美味的海膽產自北海道，你知為甚麼嗎？因為北海道盛產昆布，佔了全日本總產量約百分之九十五，因地理環境、水流、水溫、氣候適宜，使昆布長得蓬勃，著名的真昆布、利尻昆布、羅臼昆布、日高昆布等統統產自北海道，而海膽的最佳食糧正是昆布，所以北海道產

——紫海膽比馬糞海膽淺色，呈橙黃色，橙中帶白，故又叫白海膽，六至八月當造。

——紫海膽和北紫海膽的刺較長，顏色偏黑，味道偏清淡甘甜，港人只識刺較短的馬糞海膽，要知全世界的海膽種類其實有一千多種。

的海膽味道也特別鮮美，與昆布雙雙成為當地的特產之一。

海膽的種類很多，一般有馬糞海膽、紫海膽、紅海膽、蝦夷馬糞海膽和北紫海膽，其中馬糞海膽與紫海膽的供應量不多，市面一般見到的其實並非上佳。高級的羽立紫海膽是壽司之神小野二郎一貫御用的海膽，也不是經常有貨。紫海膽刺長個大，鮮味濃郁、帶海水味，Creamy甘甜最宜作刺身壽司。馬糞海膽刺短，體形較細小，肉質較紮實，鮮橙色較奪目，大廚喜以之入饌。靚的海膽顏色鮮明、顆粒分明，貴在原味無添加，新鮮宜即食，時間久便變黏稠或水汪汪，完全失去海膽的真滋味。絕大部分的海膽都要經加工才可以保存較長時間，真正的鮮海膽要用鹽水浸泡，並密封保存，不會加明礬等添加劑影響食味，所以和一般海膽的價格差異很大。

—蕎麥麵冷熱食都可以，也可配天婦羅或腐皮。

夏日涼麵也是心頭好，記得早年吃過幾次流水素麵，最著名是在京都貴船的川床料理吃流水素麵，是沿着急流溪水通過管道輸送麵糰，食客便在管裡夾流水麵，我覺得是趣味性多於味道，可視作景點到此一遊。其實每到夏季，日本有很多麵店都有小型的流水麵機供應流水麵，是噱頭多於味道。如果說冷麵我反而喜歡十割蕎麥麵，十割者即百分百全蕎麥粉打造。

蕎麥麵可熱吃可涼吃，一般熱吃配天婦羅炸蝦或炸豆腐皮，涼吃放在竹屜上，撒紫菜絲，蘸特調醬汁蔥花，講究點配一壺熱騰騰的蕎麥麵湯，有點像我們的廣東撈麵配以上湯一小碗。十割蕎麥麵，我就是喜歡其無添加的麵味，在清淡無華之中，隱藏着一種精神，回歸麵食的質樸與初心，是有種層次感。

夏日還可吃茶漬飯，我喜歡簡單的米飯加紫菜絲配漬梅一枚，再加煎茶便夠，在日本通常是在居酒屋吃飽喝醉之後，最後才來一碗茶漬飯作完結，如果配一些上好漬物也是理想不過的。最好的漬物在京都，漬物店到處可見，很多店都上百年歷史，他們的醃漬手藝獨步天下。如果要求濃厚味道的，就要來一碗本地的鴨腿湯飯了，這湯飯的靈魂是陳皮和鴨腿結合，好陳皮既去鴨羶味，更能提味，陳皮起碼五年、十年才能帶出精華，錦上添花。燉冬瓜盅也要加陳皮，配料更講究，瑤柱、冬菇、火腿、花蟹肉、田雞，或用鮮雞肉，最重要是鮮蓮子和夜香

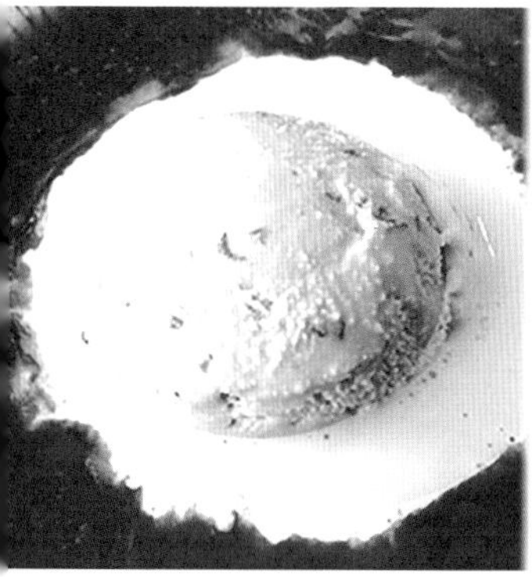

日本夏天食雪糕紅豆，有點像我們的雪糕紅豆冰，異曲同工。

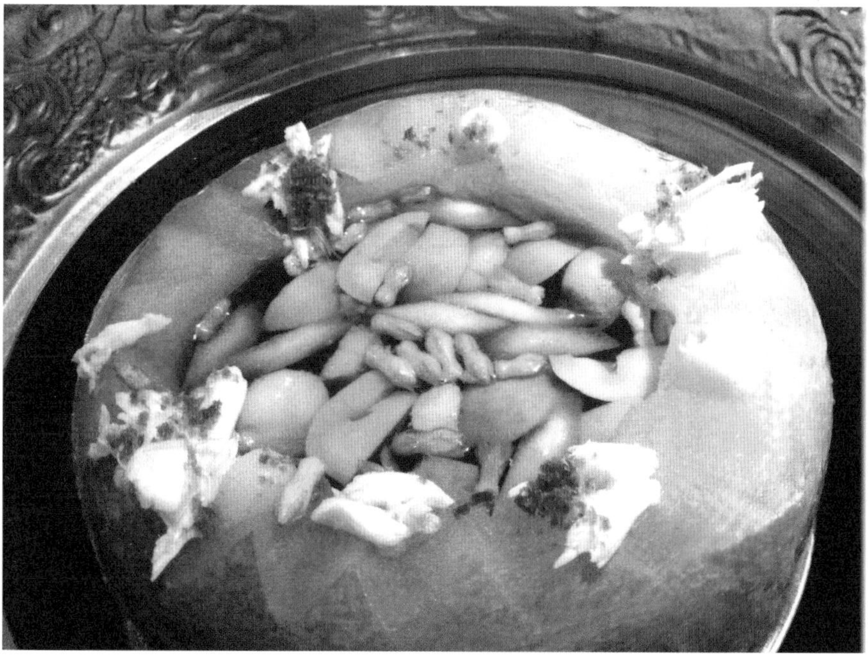

冬瓜盅不用大，最好做前先醃冬瓜，用鹽糖花雕塗在冬瓜上，醃四十五分鐘，讓其更入味。

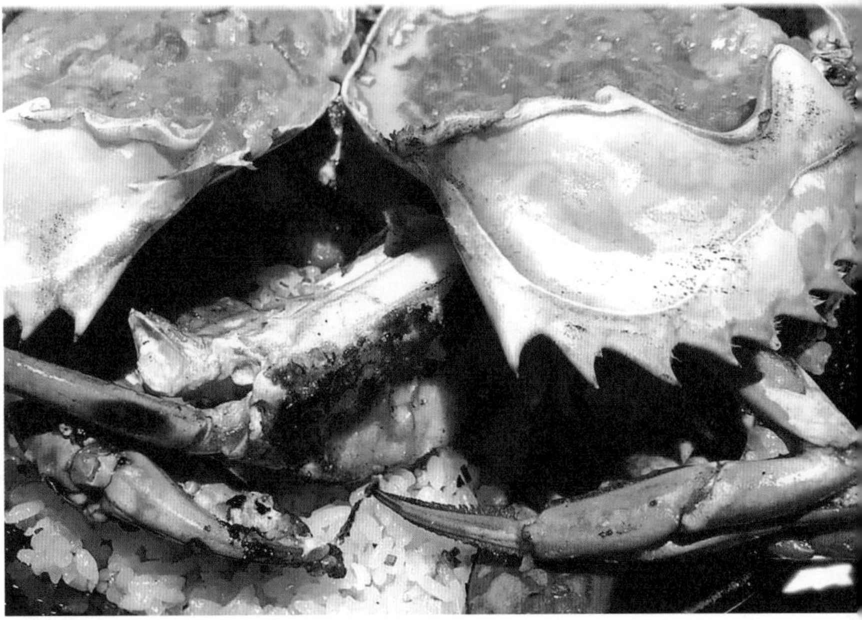

中日都有膏蟹蒸飯，有加荷葉有以籠仔蒸之，更有用糯米飯，日本的做法較單調，但都入口甘香豐腴。

花，這才會令這湯充滿色香味。冬瓜盅的湯料豐厚，剛好配上冬瓜的平淡混出鮮味，夜香花猶如畫龍點睛帶出了色香味。

夏日吃魚我會吃凍烏頭。烏頭是鹹淡水交界的海魚，這種野生海捕魚不帶泥味。香港元朗的烏頭也是聞名的，鹽焗後剪開魚皮，黃色油脂湧出，清香撲鼻，油脂肥美，不需要拌普寧豆醬就已足夠鮮甜。另一種我喜好的是煙燻大黑鷹鯧，鯧魚一定要夠大，起碼三公斤以上，這種深海大魚才夠肉厚鮮味，配以鮮果沙律是中西合璧的 Fusion 菜，可惜絕大部分並非真正煙燻，只用紅蘿蔔汁上色，入烤箱焗出來，何來煙燻味道？

除了潮州的大凍蟹外，不要錯過面拖六月黃，六月黃不是黃油蟹，也不是大閘蟹，是尚未脫殼的 BB 大閘蟹，一般蟹農不捨得賣這種未成年的童子蟹。六月黃滿身是膏，蟹肉鮮嫩細軟，肚子裡充滿流脂型蟹膏。每年夏季六月黃油湧現，因肉質太嫩所以最好不要清蒸，宜「一刀兩段」用麵粉封切口炸之，以免流失蟹膏。六月黃的當造期很短，每年大概只有三十天左右可以吃到六月黃，供應不多，但個中的鮮美與黃油蟹是各有千秋。

這夏季你吃了多少樣美食？我就已經很滿足了，因為很快又到秋季來臨，有更大的美味正等着呢！

正式的燻煙鮪魚是大學問，杉木煙不單令鮪魚有煙燻香味，更重要是高溫，能把魚肉外層間煎封，肉質才不會粗。

以前做潮州凍蟹的大花蟹很巨型，吃得很痛快，現在大花蟹極少見，凍蟹已大為失色。

不知甚麼時候開始，吃意式雪糕都要找個現場背景實地拍照，證明到此一遊。

不是雪糕的雪糕

如果你想知道甚麼謂之經典，那你應該找時間去重溫一部陳年舊片，是距今六十多年前出品的《羅馬假期》（Roman Holiday，港譯《金枝玉葉》），是一部愛情小品式的黑白片。主演者是格力哥利・柏（Gregory Peck）和柯德莉・夏萍（Audrey Hepburn），這是當年二十四歲的夏萍首次現身電影銀幕，也令她一夜間成為全球女神，她的天生麗質和雍容高雅，我可以大膽說是空前絕後「靚爆鏡」，直至今時今日都找不出有另一位具如此氣質的女神。當年這部電影為她帶來奧斯卡和金球獎兩大影后殊榮，不知是《羅馬假期》造就了她，或是她造就了這部

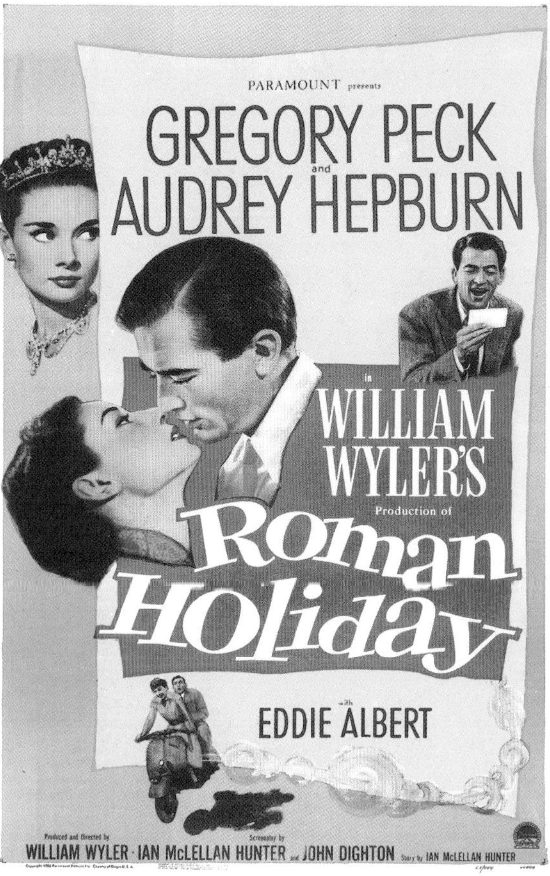

《羅馬假期》已成為經典。

電影。但肯定在這電影面世後，羅馬自此成為世界旅遊勝地，因這部電影間接帶你穿梭了羅馬各大名勝，甚麼西班牙廣場、聖三一大教堂、許願池、噴泉等等，幾十年來已有無數人為此而前往觀光拍照留念。

其中有一幕經典場面，是她在西班牙廣場上，津津有味地品嚐着雪糕，這環境、這氣氛加上這充滿生活情趣的舉動，份外顯得浪漫溫馨和風趣。就這樣，這吃雪糕的情趣便名聞天下，一夜間，人人都認識了這意大利式雪糕，恨不得一嚐其美味。從此意式雪糕便踏上世界舞台，廣為人知，成為意大利的象徵性甜點，一發不可收拾，也可以說是柯德莉．夏萍無意中造就了這道美食。

電影《羅馬假期》中，柯德莉夏萍就在這兒吃雪糕，一吃天下知，這經典鏡頭使 Gelato 揚名國際。

嚴格來說，這意大利式雪糕其實不算是我們一向所認識的雪糕，意式雪糕是「Gelato」，而一般的雪糕是「Ice cream」，那泛指美式雪糕。意大利人有自己一套的飲食習慣和特性，比如意大利粉絕不能軟，他們絕不能接受軟爛成一團的意粉，而要硬度剛剛好，要耐嚼有嚼勁，我們茶餐廳所炮製軟綿綿的意粉，他們不會吃。同樣，他們對喝咖啡亦非常執着，星巴克從不是他們的「那杯茶」，他們認為那是不知所謂的咖啡，只有特濃咖啡（Espresso）才像樣，還是要一小杯才夠味道，卡布奇諾（Cappuccino）只在上午才喝，你晚餐後點卡布奇諾他們會感到奇怪，認為你不懂喝咖啡。

我所認識的意大利朋友及意大利親人，經常會在飯桌上為了「食」的觀點而和大家爭論得面紅耳熱，不過我很佩服他們對食物的執着和熱愛，尤其是那份匠心，使他們的美食自成一格，始終如一。他們認為好味道的，你很難說服他們改變口味。如果你說他們的雪糕是 Ice cream，肯定會反面收場，他們只會吃 Gelato，認為這才是美味，美式雪糕是不入流的。其實意式雪糕和美式雪糕勢不兩立，是理所當然，只要嚐過意式雪糕，你便很難回頭，因為兩者的口感、味道都相差太遠，美式雪糕都是工廠式大製作，有無數添加劑，真正的意式雪糕標榜人工製作，新鮮天然有質感。

如果你再看看意大利人做雪糕的歷史，自然明白他們為甚麼會自豪。因雪糕遠在古羅馬時期已有，那時在西西里島的貴族，已讓人從冰山頂上採冰雪運下山，並將其存放在地牢中用來做冷點，這是雪糕的雛形，至一六八六年首台雪糕機誕生，意式雪糕便隨之發展而成形。意大利人的雪糕至十八世紀才隨移民傳到美洲，而演變成今天的美式雪糕。多年來，意大利人不但沒改動雪糕的本質，更堅守本位

Gelato 口味也愈來愈多，隨時有廿幾款，每日使用新鮮材料手工製造。

我找朋友替我拍意式雪糕，多倫多市內因疫情都關門，結果去很遠才找到間半營業的。（Gelato shop Toronto, Photo/Chan Wai Hong）

Gelato 的蛋捲甜筒，基本上與美式雪糕一樣，通常會使用威化作為主材料，有時也會採用華夫、椒鹽卷餅等食材替代。(Photo/ Chan Wai Hong)

傳統。要知道，意式雪糕伴隨着每個意大利人長大，他們從小便接觸雪糕，無論是不是節日，日常生活都雪糕不離口，這習慣是一生一世，這些口味也是一生一世的，怎可以改變。

意式雪糕材料以鮮牛奶為主，美式的以奶油為主，這是兩套不同的冰品文化。且看乳脂含量，意式只是百分之四至百分之八，大部分都很低，屬低脂雪糕，而美式平均都百分之十五以上，亦有高至百分之三十，相比之下意式的要健康得多。其次是糖分，意式採用葡萄糖、天然蔗糖，還有大量果汁去調較味道，所以果味香濃，更具口感。更重要是空氣含量，即雪糕在冷凍過程中空氣滲入的比例，又稱為膨脹率。意式雪糕採自然攪拌，均勻降溫，是很原始的做法，但因為少空氣注入故能帶來更佳質感，會較重身但細膩綿密，味道濃郁，口感紮實。而美式則要注入大量空氣，一般為百分之二十五以上，更甚者達百分之五十至九十的空氣，試想想，你吃的那一口雪糕，可能大部分只是空氣。

在溫度上，兩者也有很大差異，美式雪糕因乳脂及空氣含量高，故需要更低的溫度去保存，所以經常要冰得如硬石塊，要慢慢解凍才可以吃。意式雪糕卻剛相反，它不能久存，因用新鮮牛奶做，要即做即吃，不宜留過夜，意大利一些手工雪糕店會特別寫明「新鮮現做」、「即日製作」。

Gelato 的顏色本來不太鮮，但現在卻愈來愈鮮豔，比雪糕尤有過之。

明白這些來龍去脈，自然更欣賞何謂好吃的意式雪糕，首先顏色不會太鮮艷，浮誇失實，不要被視覺誤導，那可能只是加入了色素。其次是香味，是自然柔和，有淡淡的果香，證明沒有加入香精。入口時應軟綿而沒有空氣感，是實實在在的柔軟固體形態，一般意式雪糕的最佳食用溫度是攝氏負十四度左右，不會硬。

因為用料和製作方式不同，意式自然較美式的健康和高級，一般的價錢也貴很多，但如果在意大利吃就便宜很多。

事實上，今天傳統正宗的意式手工雪糕已愈來愈少，隨着需求愈大，手工的製作已非傳統式作業能應付，很多雪糕生產商已在世界各地開店，並將生產系統化。如數年前曾在香港開店的 GROM，早已成為意式雪糕名店，我很多時路過也忍不住饞嘴。他們自設有機果園，在意大利製作配料然後再運到香港加工，據稱他們仍遵守傳統方式製作，同執行嚴格的無添加人工色素法則，保持最佳水準。當然還有近年出盡風頭的Amorino，其實源自法國，他們的花瓣造型雪糕已成為招牌，個個樂於買一支然後「相機先食」。如果你仍懷念正宗的手工雪糕，那只好去意大利，仍有很多上百年的老店在等着你。意大利不獨滿街是大大小小的意式雪糕店，還設有教做意式雪糕的專門學校——Carpigiani Gelato University，這間學院在二〇〇三年創立，提供各樣課程，由製作雪糕到經營雪糕店等都有。如你有興趣都可以去學個短期課程拿張證書。世界各地有不少專業大廚都專門去該學院上課學藝，和了解雪糕的歷史文化，頗值得一遊。

若在羅馬，不要錯過Giolitti，這間從一九〇〇年就開始賣雪糕的老店，就在羅馬萬神殿附近，每天從世界各地去朝聖的人絡繹不絕，只求一嚐其美味的意式雪糕。這間連教宗也幫襯的老店最令人回味的，就是在《羅馬假期》中夏萍所吃得津津有味的那種雪糕。

CREATED IN ITALY. DELIGHTING THE WORLD.
GROM
IL GELATO COME UNA VOLTA

創於意大利都靈的 Gelato 品牌 GROM 曾來港開店，惜後勁不繼已結業。

Gelato 吃法和美式雪糕一樣，不喜甜筒也可用杯。

後記

講了一堆有關意式雪糕的事，其實在香港近年也有很多意式雪糕店，不過是否正宗的意式雪糕，便要試過才知龍與鳳。要試玫瑰花意式雪糕還可去灣仔利東街的 Givrés。其他如中環的 XTC Gelato、著名的朱古力店 Venchi 都有出品。據悉一些本地的意大利人也開有小店專賣意式雪糕，還特加入地道口味，是在其他地方嚐不到的。

如 i-Scream Gelato，老闆 Paolo 來自意大利南部，他愛創新口味如咖喱雞味、鵝肝味等，還加入本地口味如話梅、絲襪奶茶等，都很有特色。在西貢有間叫 Bibini 的小店，由來自意大利北部的 Jacopo 開設，前設舖面後設即製工場，他也鑽研不少古怪味，如薑蓉味、奶茶味、啤酒味，據說最受歡迎的竟然是榴槤味。另有遠在大埔的樹記，是間有近八十年歷史的老腐竹店，在行內很有名氣，他們也推出了腐竹雪糕，有點像腐竹糖水，有興趣也可試。這股意式雪糕熱潮近年已慢慢在本地燃燒，可能很快有叉燒味、燒鵝味這些本土味道，保證在意大利是吃不到的。不過近年因連串社會事件加上疫情，相信很多店已被迫結業，這股熱潮已冷卻，期待意式雪糕熱潮很快可再重現，讓我們再嚐美味。

美式雪糕與意式雪糕的比較。

一粒懸浮在陽光中的微塵

有些食物平日很少見，但往往在中秋期間就神奇地出現，像菱角就跟中秋掛鈎。我問過很多人，都沒有吃過菱角，也不知怎樣吃。菱角的一般吃法是用清水或鹽水煮熟，然後剝殼當零食吃，也可將菱角肉加米煮成帶鹹味的稀粥，吃完甜膩的月餅再喝碗菱角粥，可消滯、清油膩。每年九月下旬，就是菱角盛產的季節，菱角又叫沙角或水栗，有不同顏色，外殼紫紅的較嫩，合適入菜，色澤紫黑的口感較紮實。去殼後的菱角如色澤過於雪白，就要留意是否經過漂白。有人以為菱角可減肥輕身，這並非藥，但確實有點食療作用，據知有助氣血通暢，身體自然會變得健康輕盈。

一張一九九〇年由旅行者一號拍攝的著名地球照片之一，顯示了地球懸浮在太陽系漆黑的背景中。這張照片使美國著名天文學家卡爾．薩根博士因而得到靈感，寫成《Pale Blue Dot》一書。一張「暗淡藍點」照片強調停止全球暖化的迫切性，正如薩根博士的信息：「這已是我們有的一切……」

另一種中秋應節的食物是芋頭，用來燜鴨特別有味道，當季芋頭既軟糯又香，加上靚米飯很開胃。大、中、小的芋頭都有不同食味，我很喜歡吃較小巧的檳榔芋，簡單直接隔水蒸便可，當零食或當點心吃，這是最原汁原味的原始吃法，尤其蘸點九龍醬園老抽加些九鬼純正胡麻油，肉質細膩、甘香粉糯，可以一口一個。很奇怪，我喜吃各種芋頭佳餚美點，如煎香的芋頭糕便很美味，但偏偏不喜吃芋角，可能是因早年被那些油炸角嚇怕，被油包了心，此後成為陰影。

與菱角、芋頭一樣在中秋應節的是板栗，除了街頭香噴噴的糖砂炒良鄉栗，入饌可做成很多美味菜餚如板栗鴨、板栗燒雞、板栗燉雞湯等，都是秋天的時令美食。栗子在秋天是重要角色，很多美食都與栗子有關。其中以天津栗最聞名，有種類似板栗的品種，叫錐栗，比板栗貴但更好吃，栗肉呈粉狀，不是中國栗般硬脆帶半透狀，吃下去粉綿香濃，沒有苦澀味。

菱角平時很見少，只在中秋期間會出現。（iStock photo）

至於中秋的水果我喜吃柚子，吃完月餅再吃個甜酸兼備的柚子，開胃消滯，有人甚至形容柚子有像初戀的味道，略帶一絲苦澀卻有無盡回甘。柚子一般分紅心柚和白心柚，紅心柚較甜也較貴，我較喜吃泰國紅柚，尤其是西施柚，至於貴妃柚也很好吃但太貴了。西施柚果肉豐滿，吃時可蘸點海鹽，再灑些天然梅子粉，口感就更豐富。我喜吃柚，是因為發覺它除美味外，還對調節腸胃功能很好，是既好吃又健康的水果。此外我還喜吃蝦籽柚皮，是一道傳統粵菜，材料就是蝦籽和柚皮，但製作工序極繁複，現很少食肆會供應，我有次洗耳恭聽生記老闆娘分享她的煮柚皮心得，聽都聽到我好累，果然好多工夫，目前生記和星記都做得不錯，煮得好的蝦籽柚皮，沒苦澀味兼具蝦籽的鹹香，入口易溶化且無渣。

蝦籽柚皮是傳統粵菜，材料是蝦籽和柚皮，有加腿茸，製作工序繁複，現很少食肆會供應。好的蝦子柚皮沒苦澀味，只有蝦籽的鹹香。

中秋佳節舉頭望明月，低頭不禁感慨萬千，只不過短短幾年，一些無知、狂妄自大、自把自為的人，將好好一個家園弄得支離破碎、萬劫不復。自古以來，人類的視野大概遠極也不過止於月球的距離，當然包拗頸振振有辭，豈止月球，我們不是已遠達火星甚至銀河系。那你還沒聽懂我的意思，我並非去量化這種距離，而是說人類其實太渺小，搞來搞去，不過只踏出月球一步，現在連月球背面究竟有甚麼還講不清，別說更遙遠的地方，天外有天，或許在其他天外智慧的眼中，我們只不過是極低等的生物，很多事物遠超乎大家想像。

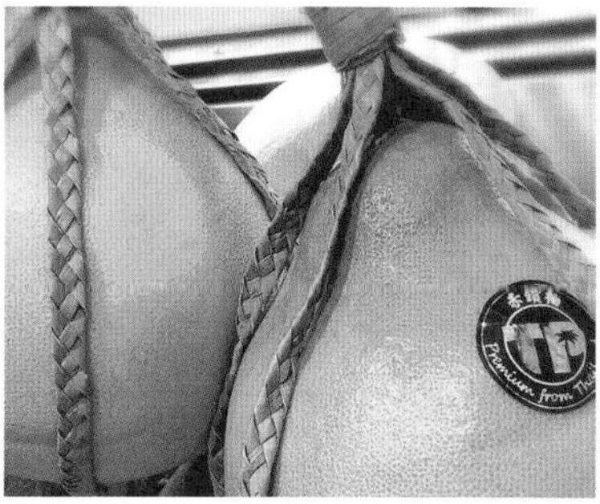

泰國赤鑽柚又名紅鑽柚，產量很少，只佔泰國柚約百分之五，果肉紅色，香甜飽滿多汁，待柚皮變黃，甜度會更高。

美國太空探測器航海家一號在一九九〇年二月，在距離地球六十四億公里處回頭對太陽系拍攝了一組「全家福照」，在那麼遙遠的地方，太陽依然閃耀，而地球已變成了模糊的藍點，著名的天文物理學家卡爾．薩根博士（Carl Sagan）將這張地球的照片命名為「暗淡藍點」（Pale Blue Dot），並寫了一篇著名的散文，提醒我們必須時刻理解自己在宇宙中的位置，並且學習謙卑。卡爾．薩根曾這樣評價「暗淡藍點」照片，他說，地球猶如「一粒懸浮在陽光中的微塵」。地球，這顆孕育着無數生命的藍色星球，只不過是太陽系的一顆普通行星。

可想而知，地球在宇宙中實在太渺小，小得連微塵也不如，而人類存在的意義究竟何在？這值得大家深思。

即使多灰暗，也有明亮的一天，畢竟只是浩瀚宇宙間的一點微塵。

秋栗飄香銀杏黃

我經常告訴朋友，很多好的東西其實不需要錢，有時錢也未必能買到，友人不明以為我在吹牛皮，認為今時今日缺錢只有死路一條，哪還有好東西？每年盛夏之後，我都期待着在某天清晨出門，突然飄來秋風送爽，那口清新的空氣，那陣清風，真的令人精神一振，像打通了任督二脈，這感覺是極致，非劣筆所能形容。香港的四季甚模糊，秋天像過眼雲煙，不像日本是四季分明，所以旬物也清清楚楚，景色亦然。我很喜歡秋天的感覺，特別充滿着情懷，使人覺得更像是個人。

有人喜大地回春，有人要夏日炎炎，更有人喜歡下雪，四季中我喜秋風送爽紅黃滿園，是一個既多變又富色彩的季節，象徵成熟與豐收。

秋天如果身在日本，免不了去賞紅葉，那些景點遊人太多了，如去京都，通常我會避開旺季以免影響雅興，像清水寺，如果你找到清靜的時間去瀏覽，可欣賞到比想像中更美麗的景色。在東京，我喜歡到新宿的明治神宮外苑或到澀谷代代木公園一帶看銀杏花道，是東京秋季風景最秀麗的景點之一。這金黃大道由一九二三年起，共植了逾一百五十棵銀杏大樹，不經不覺快一個世紀，每到秋天金黃一片，覆蓋天空甚為壯觀，如果拿着包熱炒起的秋栗漫步其中，自然會浮現，如果再加上位稱心伴侶與你一起散步，那就是個完美的畫面了。

秋天各種美味都搶先登場，從前街頭巷尾就先飄來秋栗香，現在香港已愈來愈少這類流動小販，很多已年老後繼無人，其中有檔仍保持傳統風味的，每到秋天擺在火車站橋底，那輛炒栗子的木頭車也有六十多年歷史，老闆娘說已炒了幾十年栗子都快無力再炒。現在炒栗子已多用機器代勞，已很少見那種原汁原味仍用黑砂、大鐵鍋去炒的栗子，那小車

本地炒栗子已很少見，這當季的街頭特色已買少見少，只偶然在街角橋底出現，除燒栗子還有番薯香。

新栗入荷秋之味覺，每到秋天不知怎的就是特別想吃，「秋之味覺」這個日本常用的詞語周街可見。

除了熱炒栗子，還有煨番薯、鹽焗蛋等，香噴噴加上縷縷輕煙，每次路過都禁不住買一把，這風味可能沒過多少年便會煙消雲散。新式的栗子檔我沒興趣光顧，因買栗子要很小心，尤其是那些太過鮮亮的。一些不良販子加了工業石蠟去炒，使顏色變得很黃很亮但味道也很怪。

正宗的蜂糖板栗顏色較暗，摸上去有點黏手，殼不光滑但一剝即開有清脆聲，好的栗肉呈金黃色，粉糯香甜，如果過分甜的那可能加了甜蜜素去增加甜度。從前國內生產的栗子不多，最有名氣的自然是天津良鄉栗，我從小聽到大。從前在天津都不易吃到，原來都運到南方尤其去了香港，後來再被日本人高價收購過去，所以連香港也供應不多。

天津栗較細小但勝在粉甜鬆化，合適各樣菜餚，日本的栗子大得多，尤其是著名的丹波栗，大粒而品質上佳，很多高級糕點、菜餚都以之作食料去彰顯高貴，當然收費也可以「高貴」很多。日本的栗子栗子在歐美也極流行，很多人在秋冬都往郊外撿一堆回來，放在火爐上烤食。某年我曾小住在意大利托斯卡尼一位親人的農莊，早上起來往山上跑，發覺漫山遍野都是栗子，隨時可拾滿一車，但據說原來栗子不可以亂吃，是有分類的，如一邊圓一邊扁的是可吃，但如兩邊俱圓的就最好不要吃，以免搞出大龍鳳。歐洲栗子不大顆，但勝在粉嫩夠甜，味道極佳，所以大廚都喜將之入饌，一般都用來煮湯、配肉、做甜點，用途很廣。不過新鮮栗子很少漂洋過海，大多經加工除殼包裝外銷，很少會用新鮮貨。

我在街檔買栗子時，也喜歡買件大番薯，貪其夠香夠熱夠綿軟。番薯昔日是粗糧，尤其在戰時更是救命符，夠營養和夠頂肚。今天的甜薯已是高檔食材，不信可試買那些名產地出品，日本人已視之為農物中的鑽石，他們培植出很多品種，台灣、韓國爭相仿效，但味道價錢都始終差一截，例如在靠海多霧的宮崎，因地勢、天氣使然，可培植出優質番

秋栗甜點是秋季大項目，你看糕餅店堆滿栗子甜品已知多受歡迎。

較大粒，日本人喜將其混入白飯做栗飯，但年輕人寧願食栗子餡蛋糕，尤其是年輕的OL，至愛的栗子蛋糕。日本人吃栗子要原汁原味，更愛將原粒大栗作糖漬，做天婦羅甚至做釜飯。

薯，皮薄、纖維幼嫩、肉質粉糯香甜。

銀座有間著名的米芝蓮天婦羅店「近藤」，店主近藤文夫便擅長將各種野菜做成天婦羅，尤其一味炸番薯，切得特別大塊，但炸得外表香脆，內裡軟綿特別香甜，成為其店的招牌「名物」，很多人特別叫這道炸物，成為朝聖的指定動作。「名薯」的產地很多，但最特別的是鹿兒島縣種子島產的「安納芋」，這種糖度極高的甜薯，長年在種子島栽培，產量很少，燒製好後軟綿得就像個甜美的意式雪糕。另一種我吃過，認為也是佳品的是夏威夷白番薯，我當年在夏威夷初嚐到這番薯，覺得它驚為天人，可惜在香港一直找不到，即使今天也只是偶然限量供應。這番薯白皮但紫心，我喜歡用來煲番薯糖水，味道很好。

我喜歡番薯不光是因其美味，其實還因為它是上佳的健康營養食物，比很多補品有益得多。秋天很多

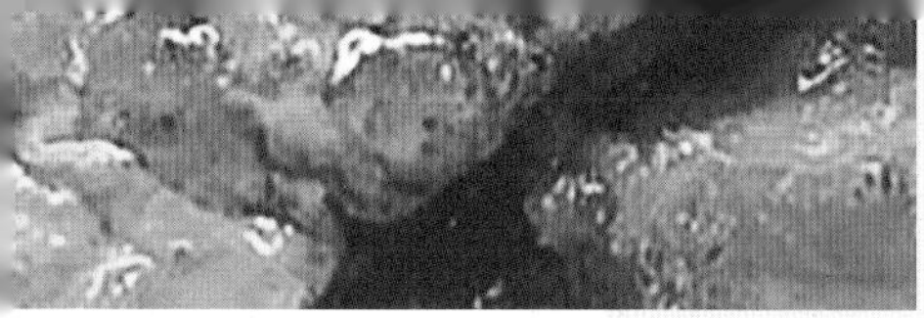

食物都肉質粉糯、味道香甜，大概是大自然的安排，提醒我們應適當地補充一下增加能量。在萬聖節期間，最當選的是南瓜，所以南瓜亦順理成章被製成各種美食佳餚，尤其是在西方食譜中，像栗子一樣成為熱門食材配料，我很喜歡喝南瓜濃湯，喜歡那種鄉間農莊的感覺和滋味，尤其有種豐收的意味。南瓜濃湯有時配上薑汁粟米都不錯，當然少不了配上法國的鄉村包更添風味。近年更有店將南瓜混入咖啡，我只視之為潮流飲品，沒多大的興趣。

秋天的水果以柿子最有特色，有兩大種類，一種叫澀柿，外觀呈橢圓形，尾部呈尖狀，有生澀味，多用來曬成果乾，做甜點及和菓子，曬乾的柿味道變甜，乾燥過程使甜味變濃烈，甜度是砂糖的一點五倍，從前傳統的和菓子都以柿乾作為甜度標準，和菓子一般都不能比柿乾更甜。另有一種甘柿，外觀較扁平，味較爽甜，一般可直接食用。甘柿中較廣為人知的是富有柿，它果形碩大、肉厚汁多，糖度可達十四至十六度，味道極佳。

蜜糖玉桂焗南瓜。

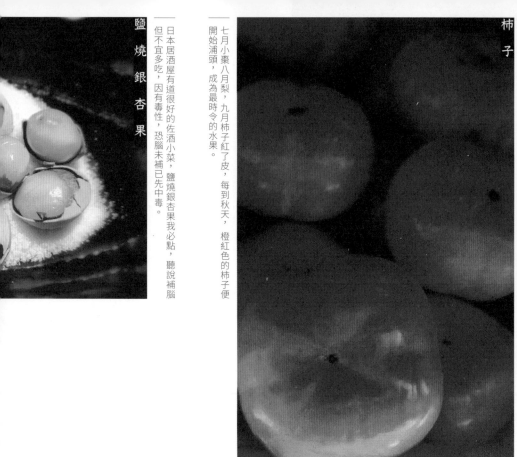

柿子

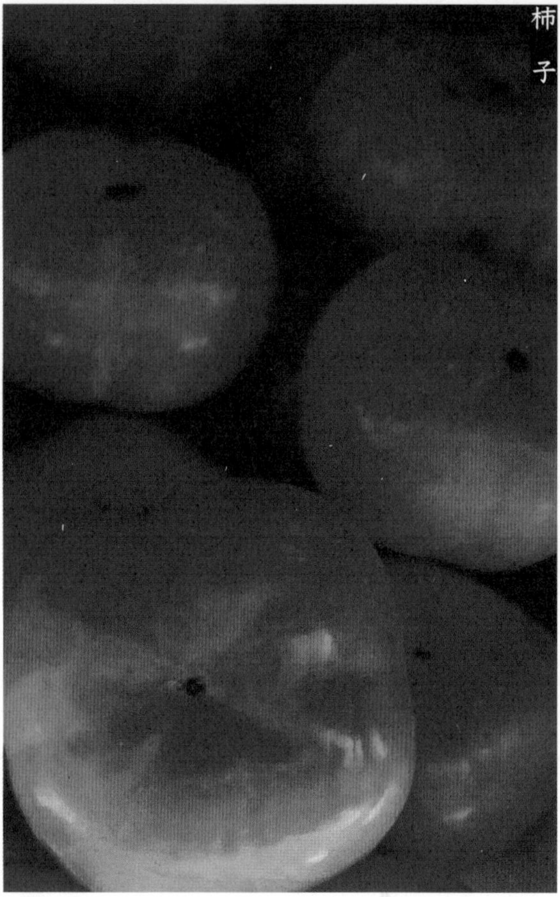

七月小棗八月梨，九月柿子紅了皮，每到秋天，橙紅色的柿子便開始浦頭，成為最時令的水果。

鹽燒銀杏果

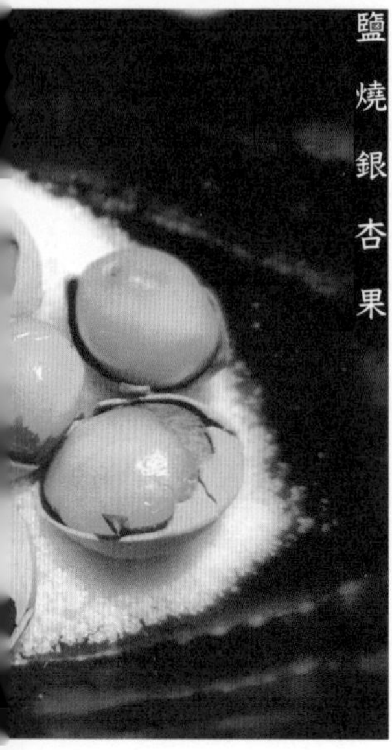

日本居酒屋有道很好的佐酒小菜，鹽燒銀杏果我必點，聽說補腦但不宜多吃，因有毒性，恐腦未補已先中毒。

但另一種更少有的柿中極品，是和歌山紀之川市特產的無核黑甘柿，這柿子貴在產量很少，每一個都由人手採摘，要經專門部門嚴格篩選、檢查才可發貨，所以品質都達最高標準。這柿子很特別，是紅皮黑肉，質地軟腍細膩，味道清甜，甜度比富有柿更高，可達十六度以上。另一原因令黑甘柿成為珍品，是它的多酚含量特高，多酚是一種抗氧化物，是抗衰老的佳品。

另一種也被視為健康珍品的是銀杏（即白果），秋季金黃一片的銀杏樹早已被視為極具生命力的植物，當年廣島原爆的原爆點萬物盡毀，但竟發現有銀杏樹尚存，一直活到今天。家兄從商，早年在國內買下土地作銀杏樹的種植場，是中國最早期的有機農場，他種的銀杏全賣到德國某大藥廠作抗衰老藥物用，可見銀杏之寶貴。我則喜歡吃燒烤的銀杏，特別在居酒屋，鹽烤銀杏食之不厭，但不能吃太多因含毒性，據聞吃過量會中毒，尤其必須除其

松茸

秋天是吃菌類食物的最好的時期，各種菌菇類，不僅味道鮮美，而且還富含豐富的胺基酸，是餐桌上的常客。

芯才可進食。

另一款珍貴美食是松茸，日本松茸是世上最珍貴的天然食用菌，猶如意大利的白松露，松茸適合生長於水氣較少的林地，因寄生於松樹等樹木根部，使其帶有一股清新香氣，雖然中韓都有松茸，卻以日本的野生松茸最珍貴。松茸至今未能人工種植，通常只得幾天時間適宜採摘，所以價格亦甚高昂。松茸的營養價值很高，含多種氨基酸和微量元素，可提高體質及防衰老，還含有種據說能抗癌的物質叫松茸醇。松茸不能長時間浸水濕洗，只可用布輕抹乾淨，最簡單也是最好味的，我認為是將之切片烤熟。當然你也可吃個松茸土瓶蒸，但一定要到名店，才會講究地附上一把松針和半顆金桔去享用。有些專為秋天而打造的月琴料理，便用齊栗子、南瓜、銀杏等等季節性食材去烹調，令這個秋天更有食慾了。

食慾深秋寥解我愁

在這個深秋我希望多花點時間，細味每口時旬美食，不管是佳餚或粗糧，一湯一水甚至一口飯，我都會感恩珍惜，想留住那味道，不知道某時某日突然會風雲色變，再也找不到原來的味道。短短幾十年間，香港不但面貌改變，連氣候也變得愈來愈模糊不清，從前尚可稱四季分明，但現在像只剩下個夏季，記得有年臨近聖誕我還可以去游泳，秋天、冬天像在不知不覺中消失了，故此顯得特別可貴，從第一口的秋風送爽，轉眼已踏入深秋，其實並沒有多少爽涼的日子。

日本四季分明，踏入秋季已四處見紅葉。此照攝於富士山河口湖，十月不到已可賞楓，景色秀麗。

日本的四季較鮮明，人對季節的轉變特別敏感，秋風剛起便出現初物，初物即每季最先在市場出現的食物，充滿着鮮嫩的味道，像喚醒人家，新季節又來臨了，接下來才是旬物，代表着應季食材的盛產期來臨，品質也必然處於最佳狀態。

在秋天值得吃的美食多着，除了爐端燒、鐵板燒的食物外，不得不說天婦羅。有美食家甚至認為最能代表日本美食的就是天婦羅。我才疏學淺，不敢如此武斷，但天婦羅肯定是其中一種最具匠心手藝的食物。其實一開始，天婦羅也不過是普通的油炸食物，早在十六世紀，由葡萄牙人傳入日本。天婦羅一直是平民得很的食物，沾麵粉炸之後，澆上醬汁可拌大碗飯，到今天，仍有很多街坊老店以這種較原始粗糙但「大件夾抵食」的模樣款客，仍很受歡迎。

北海道層雲峽是必訪景點，可坐「黑岳空中纜車」眺望大山脈絕景，秋天飽覽多色彩的紅葉。（Photo/Eddie So）

關東和關西的天婦羅是有區別的，關東（即東京一帶）的天婦羅較貼近所謂標準的天婦羅，即以食物沾小麥粉蛋液去炸，而關西（即大阪、京都一帶）的天婦羅是沾魚漿、油去炸，兩者的味道有別，我只可說是各有千秋。但關東稱他們的為正宗，更以能將天婦羅的層次不斷提升而自豪，近年見做天婦羅的名廚多出身關東，更拿下兩星三星米芝蓮，可見也非虛有其名。如果你有時間能預早訂位，不妨去是山居試試早乙女哲哉的手藝和他的藝術家般的氣焰，我指的氣焰不含貶義只是說他蠻有個性，對處理每樣食材都嚴謹、執着的態度，讓他站在那位置五十多年，仍然是那麼的認真和投入。有說，他以攝氏二百度的油炸出的蝦外皮酥脆，但蝦肉只有攝氏四十五度，最能反映其鮮甜味，難怪九十多歲高齡的壽司之神小野二郎與他惺惺相惜，每周仍要到他的店吃頓天婦羅，和他「吹水」一番。

吃天婦羅和吃壽司一樣，我喜歡坐吧枱，與廚師近距離接觸，邊吃邊看着他表演廚藝是件賞心樂事。不過價格就一點都不平民了，是山居的吧枱只得九個位，要一早預訂。坐吧枱位除可欣賞大師手藝

天婦羅

近水樓台，坐近廚邊不但可見廚藝，更可新鮮即食。

炸蝦天婦羅永遠受歡迎，不管是蝦身定蝦頭。

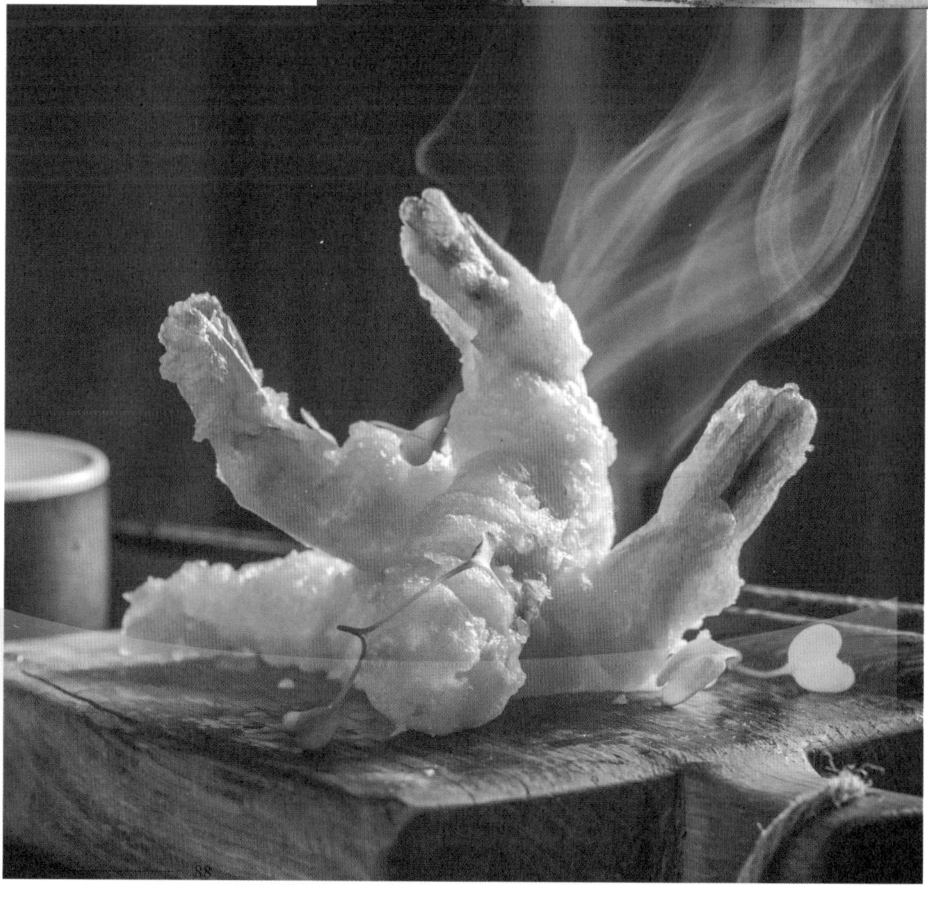

秋天有一特色小食叫炸楓葉，多賣作伴手禮。(Shutterstock photo)

外，還可趁熱食，天婦羅宜在「新鮮滾熱辣」端出油鍋時，在最佳狀態下享用，據大師說，要在二十秒之內吃，令我想起小野二郎也是要在壽司離手後，便要你入口，他說手溫會改變壽司的美味，這兩個廚神理論一致，連態度、腔調都一致。

由這高檔的天婦羅，我想起在大阪箕面國家公園，有一道頗出名的小食叫楓葉天婦羅，即是炸楓葉。並不是每種楓葉都可吃，當地人一般採摘一種叫「一行寺楓」的楓葉，並以食鹽醃製一年後，再沾麵粉、芝麻炸之，味道沒甚麼特別，只是脆皮微甜帶點芝麻香，因為楓葉本身沒味道，吃的是層脆皮，一般都用作伴手禮，有點新鮮感而已。

我們說秋風起，便接着三蛇肥，廣東人秋天進補，常會吃蛇羹，舊日香港特別多蛇店，也多蛇宴。從前吃蛇純為補身，對食味不太講究，製作也頗粗糙。那時吃蛇與幾味一齊上，吃蛇膽送酒，吞蛇血，還要「不毒不吃」。我記得早年，曾帶一位日

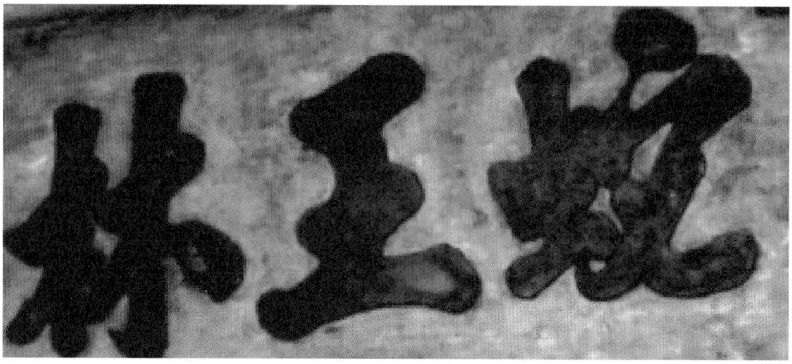

蛇王林是真正根植上環的小店，有一百一十五年歷史。

每到秋冬季節，港人喜歡食蛇補身暖胃。好的蛇羹配料十足，湯色清澈濃稠適中，味道很有層次。

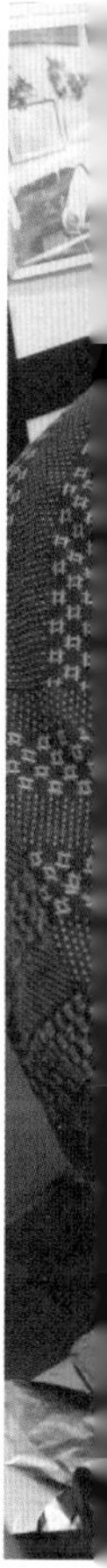

本食家往某店吃飯，特叫了碗蛇羹供他試味，只說是老火湯，後如實告之，結果他倒了一晚胃口，是心理作用，此後提蛇色變，也對我慎防三分，引為笑談。

七十年代興起太史五蛇羹，引用晚清名食家江孔殷之食譜，將五蛇即過樹榕、金腳帶、飯鏟頭、三索線、百花蛇全切成細絲，湯用雞、鮑魚等名貴材料熬成，成為一道美食，當年更是香港恆生銀行博愛堂的名菜，招呼過很多顯貴名人，其後國金軒和桃花源都做得不錯，因其總廚都曾隨江太史的家廚學藝，故得其真傳。九十年代後，蛇的品質便出現各樣問題，尤其沙士爆發後，蛇業便進入黑暗期，生蛇絕跡，改由東南亞進口，但大部分已變成雪藏貨，現時在港只餘數間蛇店仍有供應小量活蛇，較老字號的是仍在上環賣蛇，不經不覺已有百多年歷史的蛇王林，是全港最大最老的活蛇供應商，他們仍有賣那碗蛇羹，我年年幫襯，體現秋收冬藏。

我們秋天吃蛇，法國人就喜歡在秋冬吃蠔，他們對蠔特別鍾愛，因為信其能補身，尤其配以香檳，他們認為是美味的「偉哥」。從前有說「逢R」便是蠔當造的月份（即每月份英文名中有R便是），今天已不同了，因很多供應商已從愛爾蘭購入生蠔，再以法式技術養殖，故一年四季都可吃到，當然最無敵的，仍是在原產地採集的野生蠔，那才是真正的原始美味。完美的生蠔是蠔內附着海水，這是生蠔的靈魂，代表天然真味，可惜現今太多污染，故一定要清楚來源是否乾淨才可進食。如果是真的野生蠔，來源乾淨，那不必再加檸檬汁、茄汁了，我的飲食理論是，如果食物是好，是新鮮，是優質的，就不需再添加任何醬料，最新鮮便是最美味，即如一個真美人，天上人間不畏素顏見人，何必再往臉上掃灰水，那才是真的原始美。

吃蠔不要貪大隻，法國蠔較小但質優鮮美，始終上選是法國銅蠔，最貴最靚，海水味濃。黑白珍珠蠔也是優質極品，Gillardeau是歷史超過百年的法國養蠔家族，已傳至第四代，他們鑽研養蠔，有秘門技術飼養，每隻蠔要經過三十六個水池，吸收不同養分才可修成正果。法國人喜吃一口蠔，喝一口殼上的海水，認為這才能吃到蠔的層次感，原味與回甘。記得吃蠔最緊要新鮮，先觸動蠔之裙邊，如果仍郁動就表示新鮮，否則最好別吃，更不要亂喝那口海水了。我建議各位吃生蠔要找可靠的專門店，確保來貨新鮮可靠，如沒有特定口味，可試試一盤

遊巴黎不要錯過 Le Bar à Huîtres 著名的海鮮拼盤，到此一遊的都叫，是指定動作。

八隻來自不同產地的蠔，有不同的味感及口感，作個比較便試出趣味。

從前曾迷上大閘蟹，曾幾何時一眾豬朋狗友吃大閘蟹是以籮計的，自從發現大閘蟹出問題後已久不彈此調，昔日的瘋狂亦一掃而去，一切成美好回憶。近年有大閘蟹驗出二噁英含量超標，雖然食物安全中心已要求業界停售涉事養殖場的大閘蟹，但這風波不過揭露問題的小部分。多年來已聽到不少食物含重金屬、雌激素、孔雀石綠、氯霉素等等，污染之嚴重超乎我們想像，事實上，大閘蟹早已不是原來的美味，我寧願吃隻潮州大凍蟹。

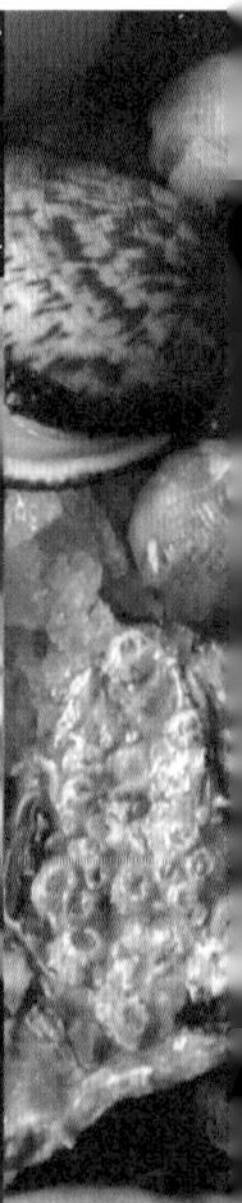

帝王蟹

帝王蟹是蟹中極品，又稱「鱈場蟹」，主要生活在北海道寒冷海域，是公認為肉質最鮮甜飽滿多汁，品質最優的蟹種。

可惜今天大花蟹也很少見，變成小花蟹，完全不是昔日的味道，大蟹可改吃阿拉斯加或北海道的帝王蟹，味道鮮美，啖啖肉，是吃得很痛快的。不過帝王蟹的產量也在減少中，我看過輯探索頻道的紀錄片，漁夫在驚濤駭浪中冒着刺骨的寒風暴雨去捕捉帝王蟹，這可能是世界上其中一項最危險、最艱巨

的海捕工作，幹這份工作五天左右便可賺數十萬，但死亡率是普通工作的數十倍，平均每七天便有一人送命，這樣高危的工作不是隨便可幹的。

像這種長腳蟹，日本也有多種，他們叫楚蟹，即聞名的松葉蟹、越前蟹都是這種類別，有種特別的楚蟹品牌稱「五輝星」，每年在鳥取縣拍賣，可能是世上最貴的蟹，這種蟹產量奇少，幾乎每次都被三星名廚買去擺豪門蟹宴。「五輝星」的身價從過去幾年拍賣價的飆升上便可看到，在二〇一五年首度拍賣就以七十萬日圓高價成交，二〇一六年標出單隻一百三十萬日圓的成交價，到二〇一八年單隻拍賣金額紀錄飆升至兩百萬日圓，二〇一九年更以單隻五百萬日圓創歷史新高。但去年受到疫情影響需求低迷，成交價僅為前一年的十分之一，創五十萬日圓新低。

很多時看到些文章表達對食物生態的感慨，我深有同感。一切的美味正在消失中，還有哪些可以令人

大阪心齋橋幾間著名的食蟹專門店，那張牙舞爪成生招牌的松葉蟹已是道頓堀的地標景點。

吃得安心？海洋被污染，大地被化肥危害，變種的變種，都不是原來的味道，在這樣的生態環境活下去，身體不出問題才怪，我們在進食之餘，也應該要認真地深思這問題！

花咲蟹（はなさきかに）經水煮後蟹殼蟹肉會變成鮮艷的紅色，蟹殼堅硬多刺是其特徵。

帝王蟹只有野生，無法養殖，而鱈場蟹的精華在於蟹腳飽滿鮮甜多汁的肉，這是眾多蟹類無法與之相比。

愛，不需到深秋

「一葉落知天下秋」、「數樹深紅出淺黃」。秋天，是一個充滿感性，很易惹人思潮的季節，好像一草一木都是詩，一字一句皆是情，是一個令人心醉的時節。

四季中我對秋天特別有感覺，每天清晨出門，都期待着那陣撲面而來的秋風，真令人精神爽利。秋天不僅色彩豐富，眾「為食鬼」更磨拳擦掌，準備好大飽口福。料理的最重要精神是不時不食，認為要當季、符合時令才可享受到時旬的真味道。

秋天的色彩豐富，是令人心醉的季節。除了可看到富士山及紅葉絕景，更可入住溫泉旅館，邊浸溫泉邊觀景色，十分舒適。

秋天還適合吃壽司。握壽司為最普遍，那是關東風格，在關西仍流行做箱押壽司。對日本人來說，遷都前皇室貴族所品嚐的，始終是關西箱押壽司，有悠久歷史背景，令這與別不同的壽司擁有無可取代的崇高地位。

握壽司

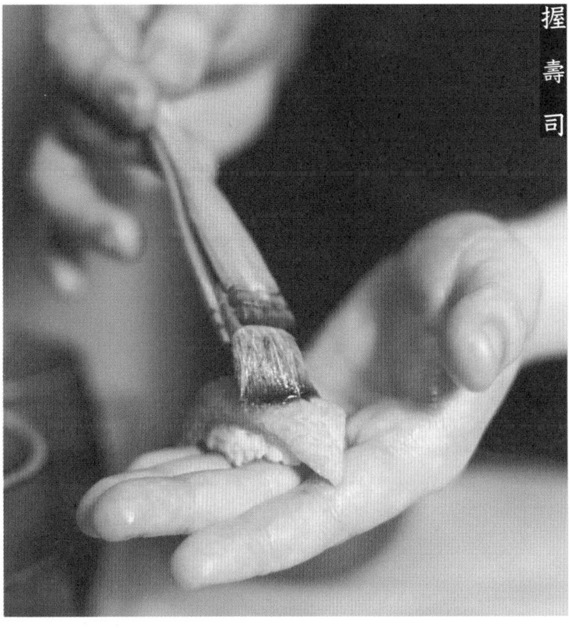

秋天特別適合食壽司，關東地區普遍食握壽司。(Shutterstock photo)

有人說去大阪如沒吃過箱押壽司，就等於沒去過大阪。箱押壽司（押し寿司），又名箱壽司，最早出現於大阪，據說是現在壽司的雛形。其做法是將飯平鋪在長條形小木盒中，中間會放食材，再鋪上醋飯，將醃製過的食材置於飯面，然後用木盒蓋將食材及醋飯緊緊壓實，之後切成方形小塊吃。箱壽司因為用木盒壓過，所以又稱「押壽司」。一般的箱押壽司很平民化，但亦有製作講究、精美嚴謹的，選用高級食材，被視為壽司類的懷石料理。箱押壽司所選的食材頗另類，像鯖魚的味道濃郁，較少做刺身，多用鹽或醋醃漬去保持鮮味，在關西則多用醋漬鯖魚做箱押壽司，在握壽司便不會見。

刺身是最簡單又最直接令饕客舌尖感受到季節感的食物，因為很多時旬魚種如錯過了就只好等下年再見。很多魚在秋冬季節特別鮮甜肥美，最貼地又庶民化的自然是秋刀魚，其實秋刀一年四季都可吃到，但如講究時令，當然以每年秋天在北海道釧路第一波秋刀魚上市開始。在秋刀魚一至兩年長的生

箱押壽司的配搭千變萬化，不過味道一般都偏向濃郁，除了壽司飯醋味特別強勁之外，海產亦以濃味及油分高的鯖魚、鰻魚、秋刀魚為主，用鹽或醋醃漬後依然掩蓋不了魚香。

秋刀魚

秋刀魚的魚肉鮮美，但魚腸卻帶有苦味，講究食材原味的日本人，並不會將其去除，而是用醬油、檸檬去腥，保留原味。

每年在東京目黑田道廣場公園，是舉辦「秋刀魚祭」的傳統地點，遊人遠遠就可以聞到了烤魚的焦香。

命中，會南北洄游，夏天沿太平洋暖流北上，到物產豐富的北海道胡吃胡喝，秋天又會順着寒流南下，抵宮城等地產卵，此時秋刀魚已囤積大量肥脂厚膏，烤起來魚香從遠處都能聞到。深秋時如果在新宿或澀谷的橫街窄巷走一轉，保證你一身已沾滿這種燒魚味，揮之不去。秋刀魚最宜原條鹽燒，要北海道新鮮海捕的，因我特別喜歡嚐其內臟之甘苦味道。燒起來的魚皮香脆但魚肉嫩滑，啖啖都是原始的油脂甘鮮，吃這種魚簡單直接，蘸上白蘿蔔泥，灑點檸檬汁便非常美味，特別在居酒屋，配上燙熱的清酒，可一人吃上幾條。

日本各地此時都有秋刀魚節，以「目黑秋刀魚節」最出名，我適逢其會數次，確人山人海非常壯觀，活動高潮是從宮城縣的氣仙沼市運來約五千條秋刀魚，現場炭烤，配上大分縣臼杵產的酸橙，免費分給遊客享用。這活動已辦了二十五年，成了傳統，現在好像已因疫情而停辦了，可惜！

白子有很高的營養價值。新鮮白子應生吃，口感綿密柔滑，有乳狀的感覺，入口即融化味道豐厚。(iStock photo)

在大阪一間米芝蓮二星天婦羅店，竟吃到這道傳統土鍋料理。將鯛魚放入高湯的米飯裡一同蒸煮，鯛魚的鮮甜完全融入在米飯中。

秋天還可嚐鱈魚白子。鱈魚肉不宜做刺身，生吃味道較寡淡，多用作火鍋、燉煮或製成魚乾。內臟則做法多樣，幾乎都可做成料理。尤其是鱈魚精囊只在秋冬季上市，美其名叫白子，非常好吃，白子晶瑩豐滿是上佳食材，一般用滾水略焯再放入冰水浸，鎖住汁液保持緊緻爽滑的質感，拌着酸汁，入口如幼滑生蠔，鮮味縈繞舌尖久久不散。聞說一條鱈魚可擁有五百克至一千克白子，可說「精力充沛」。白子有很多種，有鮭魚白子、鯛魚白子等，凡「精」都補，以河豚白子最為高級，我喜歡將白子配鮟鱇魚肝同食，是超鮮絕配的人間美味。

真鯛則一般以深秋至入冬最肥美，此時捕獲的真鯛叫紅葉鯛。野生的真鯛以在瀨戶內海明石海峽所捕獲的「明石鯛」最為頂級。我曾去大阪一間二星級的天婦羅店——与太呂本店，試其招牌菜「明石產一本釣天然鯛魚炊飯」，用砂鍋慢燜後，原條拆骨起肉混飯吃，惜那天吃起來味較淡，沒想像中的美味，看來我們的煲仔飯要勁得多。

日本人在夏天有吃鰻魚飯的習慣，可以抗暑氣補元氣。香氣十足的蒲燒鰻，四季皆宜，尤其是那濃郁的醬汁，是蒲燒鰻美味的精華。

隔天我再去另一間專食鰻魚的名店品嚐一鰻三吃，果然蒲燒得鮮美，貴得有道理，那醬料私人炮製，是燒鰻的靈魂。

往年入深秋不可缺大閘蟹，曾有過瘋狂吃蟹的日子，當年每到蟹季還特約日本老友專程來港到老正興吃蟹喝老黃酒，俱往矣，因環境污染已失了食趣。但日本蟹仍值得捧場，不管毛蟹、帝王蟹或松葉蟹我都不放過，所以大阪心齋橋畔蟹店門口那隻

鰻魚飯其實可一魚多吃，吃套餐會更豐富。

張爪耀武的大螃蟹仍然得意。有人說在秋天，沒有一隻螃蟹能活着離開北海道，不中亦不遠。至於海膽品嚐季節則有「冬黃夏紫」的說法，即冬天適合吃黃海膽，夏季吃北紫海膽，而秋季則是馬糞海膽的季節。蝦夷馬糞海膽，主要產自北海道，是膽之極品，入口味道濃郁，甘甜度高。蝦夷馬糞海膽因為較深色，在日本也常被稱為赤海膽。

食蠔當然食法國銅蠔最正，但荷包要狂出血。其實廣島蠔都很鮮美，即使用冷凍貨煮食都沒問題，煮廣島蠔不用飛水，否則鮮味盡失，如以柚子蜜做就當心如大火會很易燶。一般如做薑蔥焗廣島蠔已甚夠味，勝過用桶蠔。

廣島蠔來自日本廣島縣水域，有豐富的浮游生物，為蠔提供大量養份，以致其特別肥大肉厚。有蠔味鮮甜又不腥，口感柔滑。

秋天豈能不談松茸（Mastutake），日本自古已有吃松茸的習慣，它被視為食用菌的極品，像法國的松露。有松茸土瓶蒸料理，配合松茸美味，在茶壺裡放其他秋天特產比如銀杏、雞肉、鮮蝦、蛤蜊，還有三葉芹，做土瓶蒸，湯異常鮮美，只用兩片松茸便蒸出一壺美味鮮湯。也有將松茸與秋季鮮美的海鰻結合，搭配湯葉、鰹魚湯底和其他食材製成土瓶蒸，最後還可在食用前擠幾滴金桔吊味。

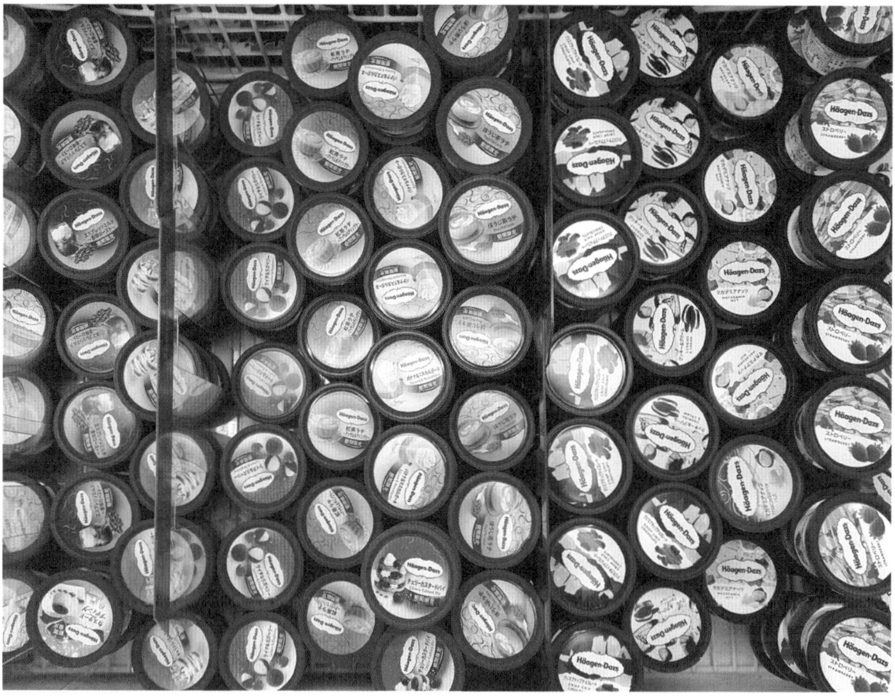

日本人甚麼都要講季節，連雪糕也不例外。（Shutterstock photo）

日本人甚麼都要講季節性，連雪糕、雪條都不例外，如到櫻花季節，就滿街是櫻花味雪糕類甜品。像 Häagen-Dazs 產品也緊貼季節，一般抹茶味長年都有，秋季自然少不了栗子、南瓜之類的味道，配搭和口味都不錯。上季的栗子紅豆雪糕（栗あずき）頗特別，打開看我還以為是八寶粥，上層是栗子紅豆餡跟麻糬，底層是紅豆雪糕和栗子醬，不過甜度高，應配個抹茶就較適合。麻糬好「Q」，吃到味道濃郁的紅豆和栗子顆粒，有些咬口。「Q」是彈牙、軟糯的意思。台灣人形容「Q」的口感，大概等於意大利人說的「Al Dente」（有嚼勁）。今秋推出的「栗子塔雪糕」屬奢華型，外層加了餅乾與冧酒的栗子朱古力，雪糕裡面包着高級栗子醬的 Custard 雪糕，嚐起來完全就是雪糕版的蒙布朗（Mont Blanc）。

秋天的鮮味可以寫之不盡，我已寫了多年，看來沒完沒了，還是小休片刻，來個栗子蒙布朗歇一歇！

天寒地凍吃甚麼？

天寒地凍吃甚麼？

我去過一些較寒冷的地方，如俄羅斯、南韓、北海道、哈爾濱等，都領教過攝氏負十多廿度的滋味，記得年輕時曾在南韓生活過兩年，寒冬都不想外出，試過在家喝汽水，將瓶放在窗旁，片刻間已變成了一塊冰。也記得有次在鄉間拍外景，冰天雪地去洗手，竟見茅廁內一塊啤酒色的大冰塊，足有七尺長，蔚為奇觀。我試過大風雪中，在漢城（當年仍未叫首爾）的酒店行去車站，其實路程很短，但在風雪中舉步艱難，走來走去不過原地踏步，那是怒放寒冬的梅花把蒼茫、肅殺的寒冬送上芬芳，為素雅的冬日增添了一道獨特的風景。

次恐怖的經驗，那一刻，我還以為僵硬的耳朵會掉下來，就此倒斃街頭，脫險後，久久不能說話。而我當年首次去哈爾濱，也沒甚麼羽絨禦寒，朋友告訴我他穿了五條褲還受不了。很奇怪，我到阿拉斯加，遇上大風雪以為會變冰條，但反而不覺凍，可能剛好那天陽光普照。

北海道 (Shutterstock photo)

在這些天寒地凍的「絕地」，到底還有沒有胃口？可以肯定，在幾十年前，世界未恢復元氣，物資缺乏，社會的條件很差，有得吃已偷笑，基本上選擇很少。我在韓國生活時，仍是朴槿惠父親朴正熙當權的軍法統治時代，韓國仍很貧困，國民連吃飯都有問題又哪有好吃的？我記得牛肋骨已算是上等菜。韓國在飲食方面起步很遲，遠落後於日本更不用說香港。即使當年被視為豪宴的伎生餐，與日本藝伎餐相比仍差之千里。我印象較深刻是午餐常去光顧明洞一間小店，吃一小鍋燜豆腐，忘記了菜名反正那幾粒豆腐已算美味和珍貴，當年連一碗像樣的米飯也欠奉，一周五天食肆只能供應混着雜料包括沙粒的糙米，很難入口，但這就是當年的環境。

韓國人很有趣，他們對飲食另有高論，要反其道而行，認為夏天流汗多，要補充從汗水流失的精氣，要以熱治熱，會在初伏、中伏和末伏這三天吃參雞湯補身，每間參雞湯店都會大排長龍。參雞湯多採用約一個月大的小春雞，因為體形細小剛好可放入

寒冬最好逛小食檔，熱呼呼吃得特別起勁。（Shutterstock photo）

參雞湯是韓國美食，但卻喜歡夏天補身。（Shutterstock photo）

魚子醬

俄羅斯的魚子醬可說是唯一美食。（Shutterstock photo）

小石鍋燉，幼雞的肉質軟嫩，肚內塞入糯米，並與人參、紅棗、黃芪、栗子、大蒜等一同燉煮。冬天也一樣，要實行以寒治寒，吃冷麵和吃冰，冬天身體無法流汗，五臟六腑變得燥熱，因此才需要吃冰涼的東西來調和。

三十多年前的哈爾濱也不覺有何美食，嚴寒中他們似乎喜吃野味，曾被招待多次，都有吃他們視之為「珍饈」的熊掌虎肉，甚至有不知名的「野味」，他們說叫「四不像」，原來真有其物，吃這些都只因出於好奇，所以淺嚐即止，其實頗難下嚥。俄羅斯也好不了多少，我首次到莫斯科印象深刻，那天正值大風雪，飛機差點不能降落，下午已經漆黑一片，我步出海關，以為進入冷戰的黑暗時代，機場陰暗肅殺，舉目都是黑衣人，沒有言笑凝重得很，不禁問是否誤闖入另一個空間？俄羅斯可算是極乏味的地方，沒有一餐可令我回味。唯一吃得最多的是魚子醬，老友有特別渠道，取到上佳的大鱘魚魚子醬，早午晚我都大快朵頤，其他乏善足陳。我的俄羅斯好友早早告訴我不要對俄羅斯食物有任何期望，否則他也不會專程來港大吃特吃，事實他已厚待我到很多所謂最高級的食店，味道不外如是，最氣人的是到一間高級中菜館，味道比不上本地茶餐廳，當然這已是三十年前的事，現在可能已有所改善。

很多人至愛在冬天打邊爐，我從小抗拒打邊爐，大概怕了口沫橫飛筷子水，也沒甚麼廚藝可言，寧願吃日本鋤燒料理，即壽喜燒（すき焼き），這是種日式鍋物但可以很精緻和講究，通常由穿和服的侍應負責烹調，被視為冬季美食。

如講寒冬中貼地、窩心的，我喜吃關東煮，「おでん」是關西人給這種料理的名稱。一般將魔芋、白蘿蔔、魚卷、薩摩炸魚餅、蒟蒻、海帶結、雞蛋等放入昆布或者鰹魚高湯裡煮，煮的時間愈長，味道愈鮮美。吃完關東煮，在剩下的高湯中放入米飯和打散的雞蛋，便可煮成另一道美食——雜燴粥。關

每當降溫進入寒冷的季節，日本便利店即賣熱呼呼的「關東煮」。也有賣棒串天婦羅，放在大蒸籠賣。

東與關西口味的差異在於湯頭和蘸醬，關東的湯頭用鰹魚加濃口豉油熬煮，而關西用昆布和薄口豉油作基調，關東習慣蘸芥末，關西一帶則喜歡蘸味噌。關東煮在各地有不同風味，北海道室蘭風放帆立貝、螺類等北海岸海鮮，以魚漿類為特色的叫青森風，將蟹肉填滿蟹殼的叫金澤風，用雞骨高湯做餃子卷的叫博多風。在沖繩還可吃到用豬腳及沖繩火腿配當季蔬菜的關東煮，風格各異的關東煮，吃過一次保證回味無窮。在關西有間有一百七十年歷史的關東煮老店「たこ梅」，用鯨魚舌頭熬煮出的湯頭廣受在地人喜愛，有興趣也可試試在關東煮中放油脂豐厚的鯨魚串。我倒想試試近年流行，由分子料理發展出來的低溫慢煮（Sous Vide），能保持食物原味及鮮嫩口感，是否也可用來處理關東煮？可能味道會更鮮美。

對我來說，冬天最不花巧的，莫過於來一個羊腩煲和一個煲仔飯，這是既溫暖又令舌尖、胃腩都雀躍的食物。以前很多小食街，一到冬季就有賣煲仔

薑蔥桶蠔

—用薑蔥焗廣島蠔勝過用桶蠔，肥美鮮味。

生炒糯米飯是廣東和香港常見的糯米炒飯。由於廣東人認為糯米有暖胃作用，所以生炒糯米飯在秋冬季節特別常見，又常與蛇羹配搭成套餐。

臘味上市，立即想起煲仔臘味飯和荔芋油鴨煲。來個椰香荔芋油鴨煲，荔芋既軟糯又香，加上油鴨的鹹香，太好送飯了。

飯，晚飯時間經過，飄來陣陣飯焦香，令人胃口大開，恨不得即來一煲。煲仔飯的材料一般都很「大路」，不外乎放各種臘味、排骨、肉餅之類，好的煲仔飯要有炭香，飯要乾爽香軟，飯粒分明有彈性、有米香、有飯味，配料要夠豐富，臘味的膶腸、臘腸、油鴨都不宜太肥膩，否則變成煲油飯就很掃興，鹹魚肉餅用的鹹魚要夠梅香鬆化，肉餅肥瘦要適中，如吃田雞就宜肥大夠肉，配上厚肉彈牙的大白鱔，加上適度的醬汁，就份外入味。如大閘蟹當造，可試以蟹入饌，置於肉餅上，煮至半熟然後再淋上鮮蟹黃，整煲飯甘香鮮甜。煮好的煲仔飯不用急着開蓋吃，稍歇三幾分鐘才開蓋加豉油就更入味。我的重頭戲反而是那底出色的飯焦，可以整底起出，有焦香而不燶，質感保持香脆，加上湯、芫茜、蔥花，這個「煲仔茶漬飯」，確是寒冬中的極品！

2

裊裊炊煙節味濃

這是我首次在香港品嚐御節料理，日本總廚說，這也是他首次在香港做御節料理。

重重疊疊的御節料理

日本過年跟從西曆，我年輕時很喜歡到日本過年度歲，其實這並非去日本旅遊的好時間，那年代的所謂旅遊並沒甚麼深度，不外乎吃喝玩樂，重頭戲便是逛店購物，當年我仍是個購物癡，跟我同遊過日本的朋友都被我嚇怕，可以一早出門，大細包買到拿不動便叫車返酒店，放下立即又再出動，如是者可以三、四回，朋友都被我搞到筋疲力盡。如過年時去日本，甚麼店都關門，街上行人零落，除了去廟宇基本上沒甚麼地方可去，日本人過年多留在家與家人飲酒吃御節料理，這可以連吃三天也飲足三天。我多次在日本過年都被邀往吃住家御節料理，

日本過年也有很多禮儀或形式，家家戶戶都有些基本裝飾，像放賀年的擺置等。

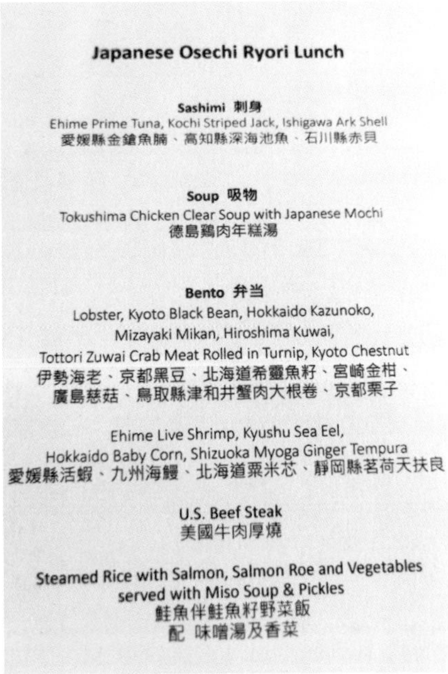

Japanese Osechi Ryori Lunch

Sashimi 刺身
Ehime Prime Tuna, Kochi Striped Jack, Ishigawa Ark Shell
愛媛縣金鎗魚腩、高知縣深海池魚、石川縣赤貝

Soup 吸物
Tokushima Chicken Clear Soup with Japanese Mochi
德島鷄肉年糕湯

Bento 弁当
Lobster, Kyoto Black Bean, Hokkaido Kazunoko,
Mizayaki Mikan, Hiroshima Kuwai,
Tottori Zuwai Crab Meat Rolled in Turnip, Kyoto Chestnut
伊勢海老、京都黑豆、北海道希靈魚籽、宮崎金柑、
廣島慈菇、鳥取縣津和井蟹肉大根卷、京都栗子

Ehime Live Shrimp, Kyushu Sea Eel,
Hokkaido Baby Corn, Shizuoka Myoga Ginger Tempura
愛媛縣活蝦、九州海鰻、北海道粟米芯、靜岡縣茗荷天扶良

U.S. Beef Steak
美國牛肉厚燒

Steamed Rice with Salmon, Salmon Roe and Vegetables served with Miso Soup & Pickles
鮭魚伴鮭魚籽野菜飯
配 味噌湯及香菜

全是在事先準備好放雪櫃冷藏，拿出來吃時也不加熱，全是冷凍的年菜，所以我特別喜歡那碗熱呼呼的麵豉湯，這大概是唯一的熱菜。不過御節料理可以很講究，甚至可以隆而重之去品嚐。

日本的正月新年是所有傳統節日中，「儀式感」最濃厚的，與過傳統中國年的種種繁文縟節比較，有過之而無不及。現代人愈來愈簡化，香港年輕一代相信已對傳統新年失去感覺，寧願出外旅遊，甚麼禮儀傳統早隨手掉去。反而日本人頗堅守所有傳統禮節，這是價值觀不同，我常跟人說很喜歡京都，其中一個重要原因，是當今世上最原始仍保留着唐代文化的地方，唐風到處可見，明明是寶你當是草，不去珍惜保存，還有甚麼好說？

過年，就是要有過年的樣子，一些禮儀或形式，象徵了背後的文化底蘊，在日本，家家戶戶都有些基本擺置，例如買鏡餅與注連繩等，就和我們買年花意思一樣。還習慣吃蕎麥麵、七草粥、雜煮等，重

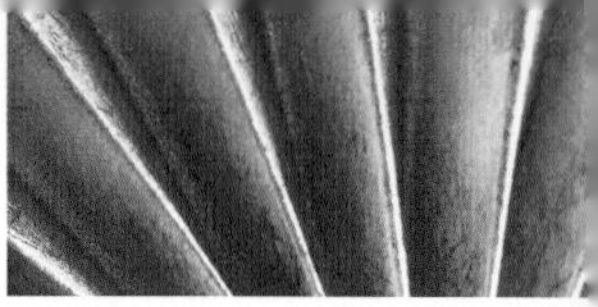

頭戲當然是吃傳統的「御節料理」(Osechi),可以閉門吃足幾天。

在日本,每年踏入十二月,無論是電視還是各大小媒體,便利店或各大百貨公司的宣傳,到處都可見到排山倒海式有關「御節料理」的廣告,可見這料理在日本人心中是多麼重要。日本人在過節時會舉辦「御節供」儀式,精心準備料理供奉神靈,後簡稱為「御節」,今天「御節」基本上已經成了正月料理的代名詞。日本的正月是跟西曆,這天一家人會圍在桌爐旁邊一同享受「御節料理」,這是日本的過年菜,一般從年初一吃到年初三。「御節料理」的特別之處,在於將食物放入重箱(じゅうばこ,一般為漆木盒),一箱疊一箱,每箱都有意思,放上不同食物,每種都有含義,不能亂放不可亂吃,非常講究。箱子要重疊,不是因箱子重,而是要表示「堆疊」,按日本的講法,幸運和緣分就是一重一重地堆疊在一起的。

按傳統，菜餚裝在多層方形漆器重箱中，有些重箱很名貴。（iStock photo）

裝在重箱中精緻的「御節」看起來像高級便當的豪華版，當中有很多平日不常吃到的食材，做起來頗費時費力的料理也會出現在菜譜上，是既講究好看又要求美味，絕不簡單。在了解「御節料理」本身的製作方法前，先看用來裝載食物、外觀漂亮的重箱。重箱有多講究？傳統而隆重的「御節料理」會用五層漆盒來盛載，叫「五段重」。分別為「一の重」（第一重）、「二の重」（第二重）、「三の重」（第三重）、「与の重」（第四重）和「五の重」（第五重）。「四」在日語與「死」字同音，大概似我們的迷信，所以寧用「与」字以避忌。

第一重是「祝い肴」，是放寓意慶祝的菜餚，一般用一些代表吉祥幸福的食材。第二重是「酢の物・口取り」，是指醋物與開胃菜。第三重是「焼き物」，指燒烤類。第四重是「煮物」，即烹煮過的食物。第五重「控えの重」最特別，是甚麼都不放，是空的！為何不放任何東西？一說是寓意幸福還有很多，根本裝不完，另一說是因神將賦予人們的幸

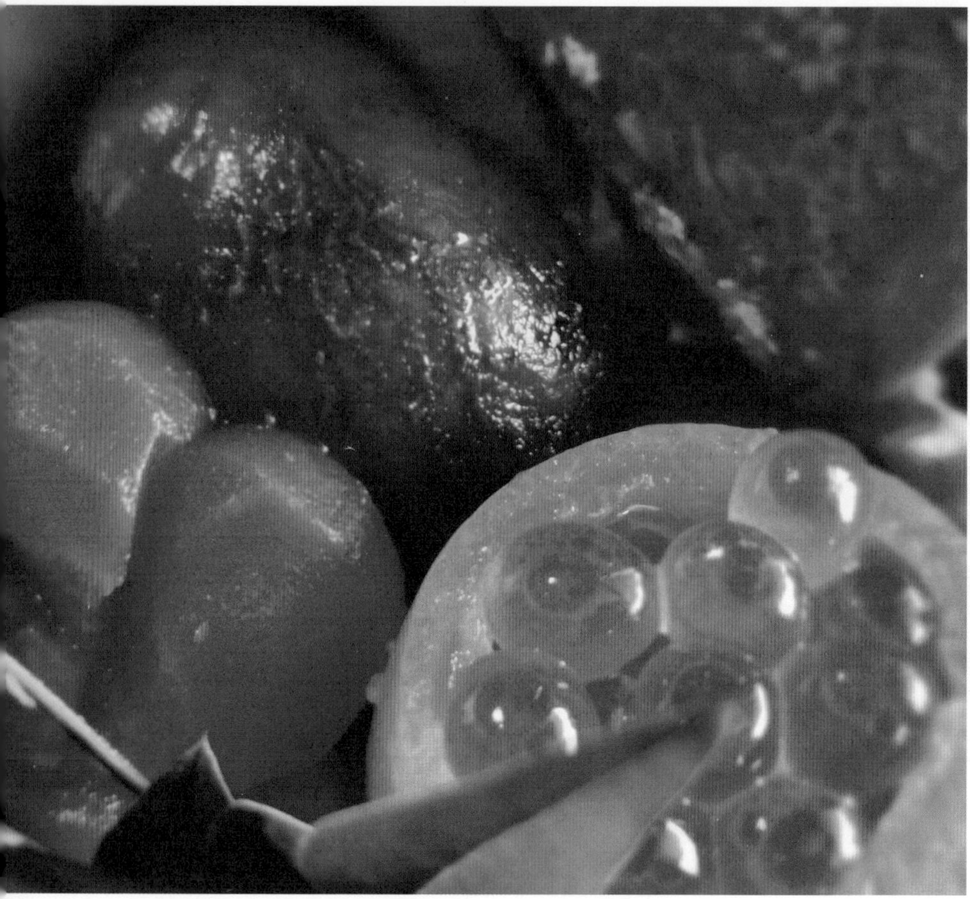

放各種魚子在食物也是意頭，象徵子孫滿堂。

福，裝在第五層，所以要騰出空間，甚麼都不要放，但信不信由你。

而近年多以「三段重」為主流，如要買「五段重」的「御節料理」，就要到超級奢華的餐廳預訂。「三段重」所用的食材仍非常考究，每一重箱裡只允許擺放單數的食材，且看他們心目中的吉祥食物是甚麼？

第一重的慶祝前菜大多有「數子」（かずのこ），數子是鯡魚的卵，寓意多子多孫，可惜今天很多人已多不願生小孩。「黑豆」，既有健康含義，又和「勤勞」的日語同音。「蒲鉾」（かまぼこ），即紅白魚糕，紅色代表去邪除魔和喜慶，白色代表潔淨神聖。紅白在日本有特別意義，如國旗由紅白色組成。還有每年賀新年的除夕節目叫《紅白歌合戰》。「田作り」（ごまめ），指沙甸魚幼魚製成的小魚乾，每條小魚要有頭有尾，表示有始有終之意。「伊達卷玉子」（だてまき），伊達有華麗、華貴的

甜黑豆象徵勤勉工作。

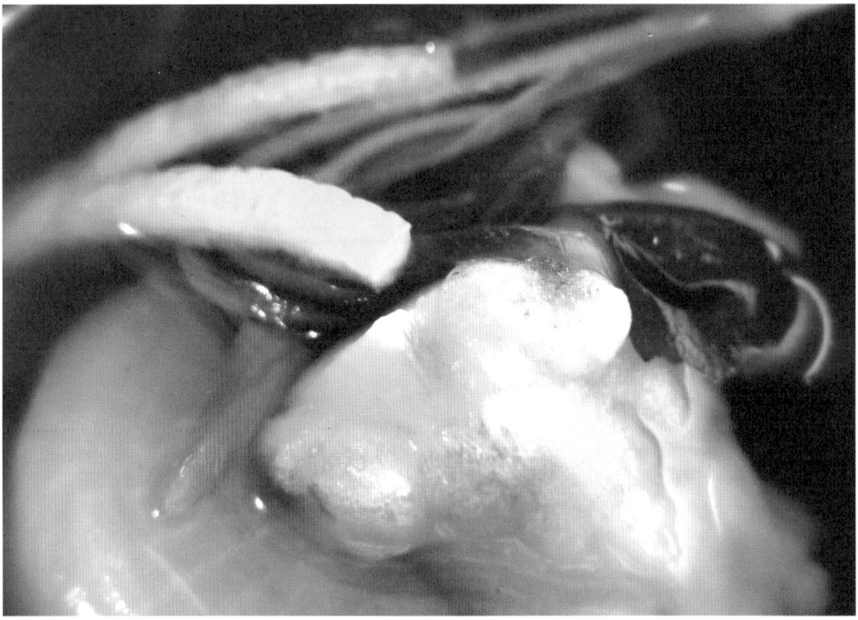

每道菜餚都精心設計，都有不同的寓意。

意思，蛋卷的形狀也象徵一家團圓，還可以祈願小朋友學業有成。「栗金団」（くりきんとん），栗子泥寓意金黃中閃耀的財寶，即祈願新一年發財如意。

第二重為使用燒烤等烹調方法做成的主菜一般有「鯛」，鯛魚全身通紅，是意頭吉祥的魚。「海老」（えび），即蝦，蝦在日本代表長壽，活到腰都彎了，名貴的御節料理會放「伊勢海老」，一尾隨時上萬日圓。「鰤」，鰤魚即青甘魚，代表出人頭地。

第三重是「煮物」，即將食材用水加熱後做成的烹煮類料理。大多有「昆布卷」，昆布卷代表新一年快快樂樂、健康長壽，發音與表示喜悅和開心的日語發音相似。還有「藕」，蓮藕有很多孔，表示在新的一年前途光明。

記憶中最昂貴的「御節料理」出現在二〇一二年，日本高級百貨店高島屋為了慶祝一百八十周年紀

一 伊勢海老有好意頭，是御節料理的主角。

時蔬天婦羅

一 拖羅刺身是少不了。

一 厚燒美國牛肉。

一 御節都有各種飯團，我這份是鮭魚卵連烤鮭。

念，隆重推出頂級超豪華版的「御節料理」餐盒，共分三層，定價高達一千八百萬日圓，約二十二萬九千美元，限量只做了三套，簡直匪夷所思。究竟貴在何處？餐盒中的美食來自幾間日本頂級飯店，佳餚食材當然也頂級，不過任食都不會食出千幾萬日圓，原來貴在那重達三點三千克重的黃金製容器，已值十多萬美元，由著名金匠石川浩一親手打做，餐盒面的圖案由國寶級雕刻家奧山峰石設計雕成，所以這餐盒其實似藝術品而非食物盒，吃不吃已不重要了。現在日本連狗都有過節專食，有公司推出專為你家狗設計的「御節料理」。食材包括黑毛和牛、真鯛、赤鯥、南瓜等，似乎做狗好過做人。

日本過年吃傳統的御節料理年年如是，菜式也大同小異，沒有甚麼特別驚喜。近年竟連甜點也趁熱鬧，以新面目去詮釋和菓子與洋菓子的御節料理，讓新年多點生氣也充滿甜蜜的滋味。和菓子的設計一向極具心思多彩多姿，品嚐之餘也極盡視覺享受，像老店宗家源吉兆庵用高級白木箱盛載迎春菓子，有梅餡、葩餅、乾柿菓子、柚子菓子、黑豆甘露煮、栗甘露煮等，不但內容豐富，菓子設計也出色。我特別喜歡那些和菓子的命名，都很有趣，如三省堂推出的「寶箱」，其中有福梅、干支絵馬、初詣、松之雪、初日之出、丹頂鶴、若竹、萬壽、壽龜甲等，未吃已可感覺到味道了！

御節料理特寫

香港很難吃到御節料理，我這次難得友人特別安排日本大廚精心炮製，不但供拍照還飽餐一頓，謝謝！

正式的御節料理是放在重箱，每箱都有特定賀年食物。（iStock photo）

後記

今年見到有網上超市首度推出這種傳統的賀年「御節料理」，聲稱由日本直送，以雙層木盒盛載十八款和洋美食，足夠四位享用，收費二千四百八十港幣，隨盒還附送日本傳統包袱布風呂敷，不算貴但一點不相宜。食物分兩層放，加了富貴鮑魚、燒和牛肉。日本傳統版本是凍食，為遷就港人，特別研發出可加熱的，切合港人口味，我奇怪這樣的變調，更像個盆菜便當，還算不算是「御節料理」？

「年越蕎麥」切斷厄運

我相信有生以來，從未試過經歷這麼令人厭惡的一年，多麼想快快結束，進入新的一年，帶來新景象，要忘記今年種種的不快。日本人稱除夕為「大晦日」，顧名思義，所有不如意、不快、不吉利的厄運到這天必須一刀兩斷。在日本，人們一般會在除夕午前做好所有過年前的打掃清理工作，以便晚間與家人團聚在一起吃年夜飯，其中一道不可缺的便是「跨年蕎麥麵」，又稱「年越蕎麥麵」（年越しそば）。

跨年吃蕎麥麵的由來及寓意有很多不同說法，一般

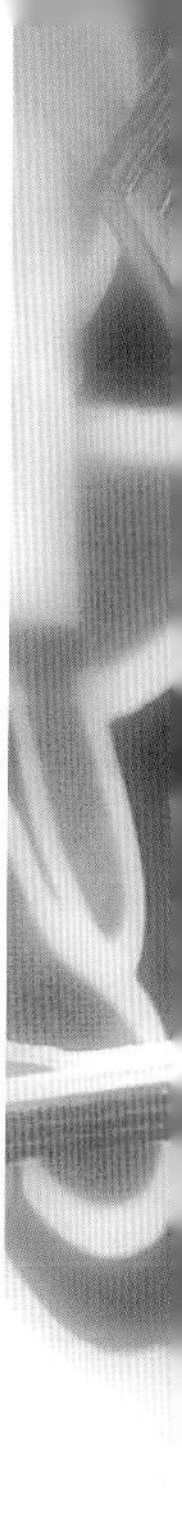

日本過年每家都會放置賀年裝飾，都是些吉利意頭的物件。

一些老牌蕎麥麵店，仍可見到匠人在製作蕎麥麵，看到整個做麵過程，很有趣味。

有兩種，其一是祈求長壽及緣分長久，因蕎麥麵細長又具延展性，有「細水長流」的意思。其二是將厄運切斷，因蕎麥麵比其他麵類更容易咬斷，代表「切斷這一年來的厄運，為明年帶來好運」之意，故被視為能帶來「吉利」的食物。但吃蕎麥麵也講究時間，有不同說法，有說如果從跨年夜到新年當日才吃完，就等於「從舊的一年吃到新的一年」，

蕎麥粉由蕎麥種子打磨成粉，用香味濃郁的純蕎麥粉，做蕎麥麵才夠香。

即是將厄運帶到新年。另一「包拗頸」則說，應吃跨年才會帶來好運，雖然眾說紛紜，但多數仍認為應在午夜前吃完。你不妨試試跨年吃，之後告訴我有何結果。

日本傳統的麵類料理主要分三大類，分別是拉麵、烏冬和蕎麥麵，其中拉麵最普及，大街小巷到處都有賣，各種拉麵已深入民間，相對蕎麥麵便較低調，但其歷史卻最古老，據說遠在奈良時代（七百一十年至七百九十四年）就有日本人吃蕎麥麵。在日本麵條中，我較喜歡蕎麥麵，喜其質感，細緻濃厚的麥香，樸實無華的原味體現了日本料理的精髓。蕎麥麵與一般麵條的風味、質地不同，美味非來自湯頭或調味料，而是源自麵本身的色香味。

在一些蕎麥麵專門店常會見到「十割蕎麥」「二八蕎麥」等詞語，這是指蕎麥粉與小麥粉的比例，而兩者的口感與特性都不一樣。十割蕎麥表示用了百分

蕎麥麵要選用淡醬油或蕎麵專用醬油，如覺得太鹹，可加水稀釋再加一些柴魚粉提鮮。

蕎麥粉的品質，製作手法，直接影響蕎麥麵的香味、外觀和口感，也是手工麵條的樂趣和魅力。

烏冬麵也像蕎麥麵一樣，可冷食和熱食。

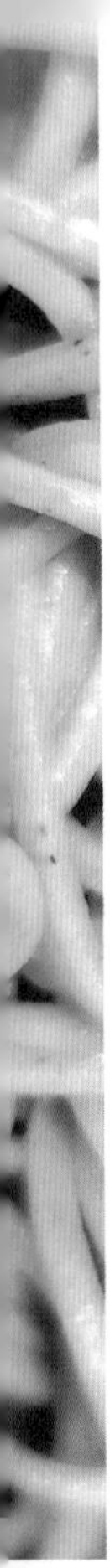

—十割蕎麥就代表只用蕎麥粉和少量的水製成蕎麥麵。

百的蕎麥粉，顏色較深，可看到有明顯的蕎麥顆粒且表面較粗糙，相對較軟腍沒嚼勁和彈性，但有真實的蕎麥香氣及原來的味道，講究蕎麥真味的自然會首選十割。其他根據蕎麥粉與小麥粉的比例不同，名稱也會不一樣，常見的是所謂「九割蕎麥」（蕎麥和小麥的比例為九比一）和「二八蕎麥」（蕎麥和小麥的比例為八比二）。有些地方還有分「外一」（そといち）、「外二」（そとに），跟傳統的九割、二八不太一樣，其蕎麥和小麥的比例分別為十比一和十比二。還有種叫十一割，是指長野縣松本一帶的蕎麥，會把額外的生蕎麥粉灑在十割蕎麥上，讓你吃的時候更可深深感受到蕎麥香。

吃蕎麥麵也有些基本常識，例如有最佳食麵時間，有專家教路最好在開店營業一小時後才去吃，因那時熱水已煮過幾次蕎麥麵，會釋出蕎麥香氣，煮出來的麵就更好吃。點麵時要正常份量不需加大，要添食寧可後加多份，因加大份量會使堆在中間的蕎麥麵出水易黏成一團影響味道。蕎麥麵一般會附三

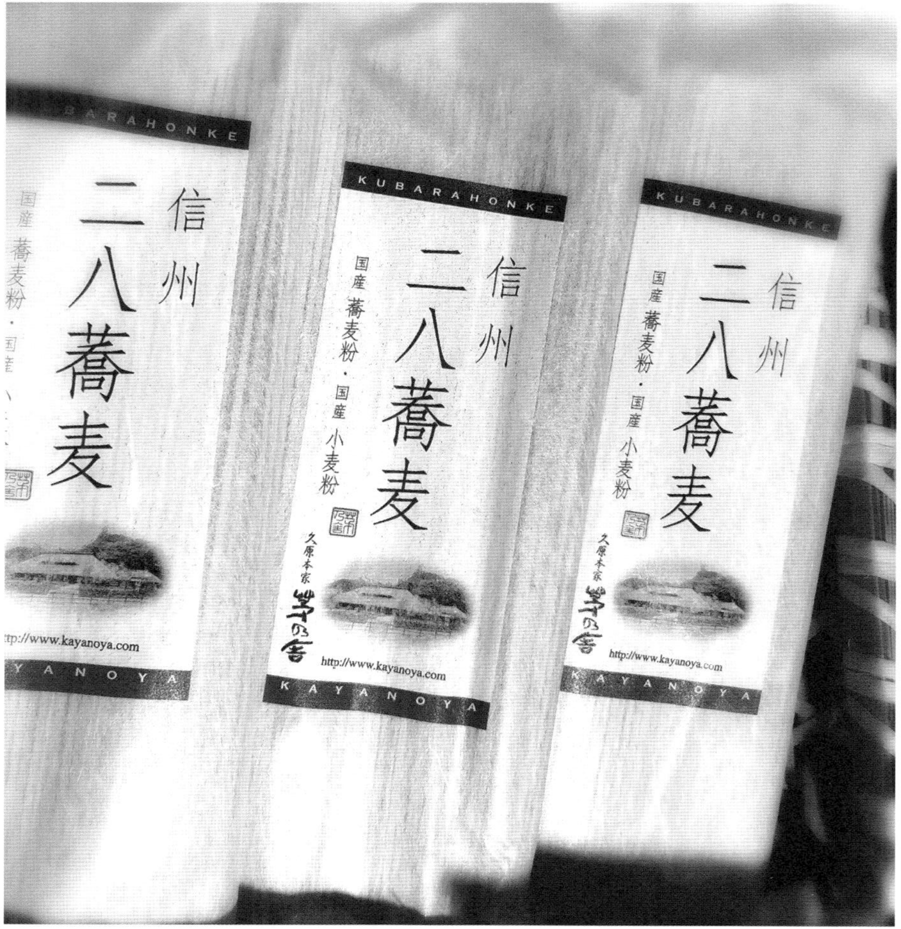

二八蕎麥就是指使用兩成的小麥粉和八成的蕎麥粉所打出的蕎麥麵。

款配料，山葵、蔥和白蘿蔔蓉，山葵宜點在蕎麥麵上，其他可混入麵汁才配麵吃，講究的麵汁是用昆布、鰹魚片熬煮，再加入豉油和味醂調味。有些店在奉上蕎麥麵時，還會附上一碗湯，這湯其實是蕎麥麵的煮麵水，裡面含有煮蕎麥麵時溶出的植物性蛋白質、芸香甘、鉀、維生素B、澱粉、膳食纖維等大堆營養素，故有人說這像是養生湯。這喝蕎麥湯的習慣在關東一帶盛行，關西較少見。喝法沒特別準則，可混蘸醬再加入七味粉、山葵等佐料喝，也有人將湯加入清酒或燒酎乾脆當雞尾酒喝。

將麵條取出浸泡在冰水裡，快速過冷河，把漂洗後的麵條撈起放在竹籠上。

煮蕎麥麵用長筷輕撥動麵條，使其不沾黏，待麵條全浮出水面後，再加半杯冷水，水滾即可撈起麵條。

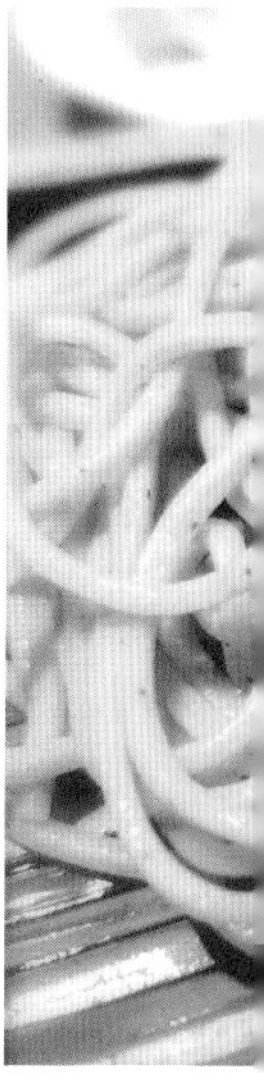

——蕎麥麵除了淨吃外，也可搭配其他美食，如天婦羅炸蝦也很受歡迎。

日本有很多歷史悠久的蕎麥麵店，動輒開業過百年，其中有一間在京都叫「本家尾張屋」，創於一四六五年，開了近五百五十六年，歷史久過美國，原本是一間製作和菓子的菓子屋，後來受京都眾多寺院委託製作蕎麥麵，至今已是第十六代的傳人，是位年輕的女當家，她原本在紐約當攝影師，其後回國做了掌門人。這店的麵好不好已不重要，光回味這段歷史，已值得你去打卡，且從京都地鐵烏丸御池站步行可及，所以我每次去京都會多抽點時間去吃一頓。

各位有心人，不妨在除夕夜仿效日本，齊齊在家於跨年那刻前，痛快地吃碗蕎麥麵，除取其意頭代表延年益壽、好事綿延不絕外。更重要是，意味着把全年厄運都切斷，將所有不快一掃而空！

節日的回憶

你還在吃那些賀年例牌菜？

由年夜飯到過年、開年、各種新年春茗，如果吃來吃去都是那些公式化的賀年菜，甚麼「發財好市」、「橫財就手」、「大吉大利」……有時會吃到悶，不妨多吃點其他地方的賀年菜式，換換口味，不致於那麼單調乏味。我喜吃上海菜，其味重色濃特別光澤油亮，一般上海菜偏甜又喜紅燒，無論紅燒肉、紅燒魚、紅燒元蹄都重手落冰糖，成品油亮很夠份量。過年特別湯菜「全家福」及蛋餃更不可缺，「全家福」由個大暖鍋盛載，像砂鍋盆菜，放滿各種蔬肉食材，吃起來像火鍋尋寶。

過年其中一項很受歡迎的項目就是入廟拜神去祈福。

買年花亦是重要項目，因為要花開富貴。

「全家福」原是江浙一帶年夜飯不可或缺的一道菜，但令我驚訝的是，現在愈來愈多家庭已不再重視這道菜，他們覺得不過是個雜錦砂鍋，甚麼都放入去，「提鮮利器」太多，也成了個「鹹鍋」，可能剛吃完已口乾舌燥，靈魂深處已開始缺水，吃完「全家福」已沒胃口嚐其他東西。現在有這麼多選擇，為何要「飲個鹹湯」？問題出在湯底，沒有用好的老雞和金華火腿去熬煮成上湯，像我們煲老火湯和滾湯，始終是兩回事。如果「飲鹹水」不如吃其他，反正有很多選擇，我則喜吃鰻鯗、四喜烤麩、燻蛋、凍羊糕、酒糟扣肉、紅燒元蹄、八寶鴨甚至八寶飯，都相當重份量。其中我特喜凍羊糕，是蘇州的特色美食，羊糕煮法可以很講究，把羊肉切成大塊旺火燒開，撇清浮沫後取出羊肉，放在冷

水中出水，加入原湯重新入鍋，待肉爛湯濃後，才出鍋拆骨，分裝在方盆內撳平，再放些濃湯，翌日就凝結成羊糕。這做法類似法式凍派（Terrine），這也是一種傳統的冷料理製作方法，將食材堆疊在陶土容器中，並以「膠質」凝固食材，讓食材的美味以凍狀方式濃縮，兩者有異曲同工之妙。

年輕時曾常往東南亞一帶拍廣告片，不論星馬泰、印尼、菲律賓都留下不少足印，其中有段期間頻密造訪馬來西亞，難得工餘時有機會以舌尖品嚐當地美食，像地道的娘惹菜、肉骨菜、叻沙等，還有些頗特別的如藍花飯，和被視為極品的似野結魚，即後來被抬上天價的忘不了魚，就真的令我忘不了。其中有樣賀年美食「撈起」，我也是在吉隆坡適逢春節首次嚐到，那次吃「撈起」其實是趁熱鬧，「食氣氛」多過味道，選料也較普通，不像現在愈來愈講究，這風吹來香港後，已撈得有點過分暴發，甚麼龍蝦、鮑魚、鮮帶子，甚至魚子醬都撈上，我不知這到底是否浪費了食材？

上海過年菜全家福砂鍋，是年夜飯必備菜餚，砂鍋中的食材非常豐富，最緊要有蛋餃，因為形狀像金元寶。

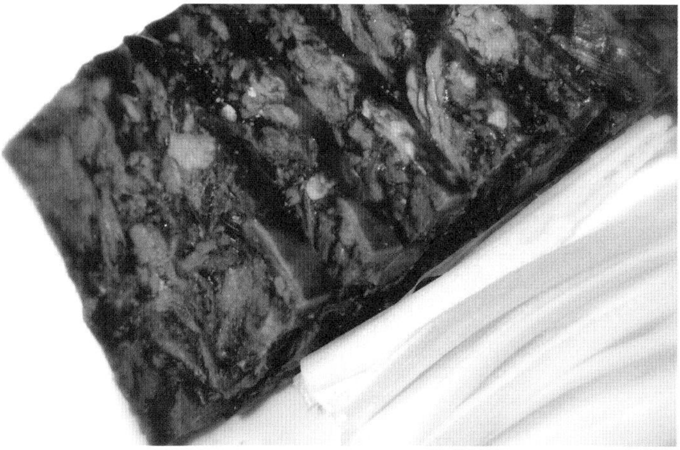

蝦籽扎蹄已愈來愈少人做了。

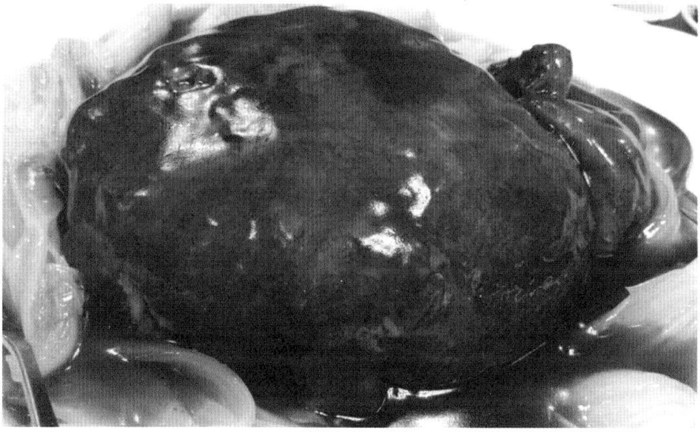

上海人每逢喜慶、宴客必吃元蹄，即是豬腳與小腿的部分，又叫肘子。

「撈起」做法很簡單，不外乎將紅白蘿、西芹、生菜、紅蘿蔔、三色椒、蜜瓜、哈密瓜等切成幼絲，現有各類型的切割器，切成細絲至各形狀輕而易舉，再配搭各種切條海鮮豐儉由人，最後灑上薄脆花生碎、芝麻等更香口。眾人圍着撈起時，負責倒沙律醬、檸檬汁、桔子汁等醬汁的人帶頭講些吉祥話，總之七彩繽紛，齊齊撈得開心就夠。

撈起魚生如追其根源，應出自粵菜中的「撈魚生」，即是以前曾流行於廣東沿海一帶的七彩魚生，那些喜生吃河魚的人貪其味道鮮美，現因污染嚴重生吃河魚已被視為高危，即使改成刺身三文魚我也不以為然，寧以油甘魚或煙三文魚取代較可靠。幾年前新加坡曾有人想將「撈起」申請列為世界非物質文化遺產，結果引來馬來西亞很大反應，兩地各執一詞，都說自己的才是最正宗。一說「撈生」由四十年代從馬來西亞芙蓉「陸禎記」餐館引進廣東的「岡州魚肉麵」，經改良後，研發而成。另新加坡的說法是在六十年代，由四位名廚為增加餐館收入而研發出的賀年食品，後再加了生菜絲、西芹絲、紅蘿蔔絲及酸梅膏加桔子汁調成的金黃色醬料，使「撈起」變得有更多色彩。

比「撈起」更豐富的自然是本地盆菜，近年盆菜已由新界圍村走向世界各地，逐漸發揚光大，甚麼喜事都可吃上一盆，不只過年才吃，早期用臉盆、鋼鍋盛得盆滿缽滿。盆菜的由來傳說不一，有說是南宋皇帝因躲避元人追殺逃難至華南及香港一帶，幸受到當地人盛情款待漸演變而成。香港的盆菜發源自新界圍村，原是很踏實的鄉土菜，現在的盆菜已千變萬化，用料也豪得過分，失去了那陣鄉土味。盆菜之珍味是那份「鄉」的濃情和有層次用心的擺布，猶如在老茶餐廳喝港式奶茶吃菠蘿油的味道，在半島酒店「嘆茶」是嘆不出那種味道的。傳統盆菜用柴火煮，有柴香，好味道得多，坊間的盆菜材料分開煮，味道跟傳統圍村盆菜是不同的。圍村盆菜風味獨特，有悠長歷史文化背景，所以早成為香港非物質文化遺產二十個代表作之一。

「撈起」是星馬人的傳統賀年菜，在團年時，家人一同以筷子夾高並拌勻，夾得愈高愈好，說些吉祥話，好像真的風生水起。

圍村盆菜是新界原居民的傳統食物，已有數百年歷史，是一種雜燴菜式，傳統盆菜用木盆或錫盆盛載，每逢喜慶節日都大宴鄉親。

過年說到底還是吃家鄉菜最有感覺，家族聚會時家人常都不約而同地懷緬母親烹飪的家鄉菜，這些菜通常只會在新春期間出現，那手廚藝無師自通，但卻獨步江湖，萬眾期待她能多做一些「廣派街坊」。其中最特色的是碌鵝，今天已很難吃到，碌鵝是否好吃，選鵝最重要，如肉質不好，再好的調味和煮法都可能是白費。不夠斤兩的鵝經不起長久的「碌」，做出來的肉質會太老。選鵝當然要選最靚最貴的馬岡烏鬃鵝，是開平馬岡的特產，肉嫩骨細脂肪較少，肉質緊密結實夠彈性，鵝香味突出，不肥不膩肉質上乘口感極佳。其他美味有臘味炒慈菇、蓮藕筍蝦炆五花肉、家鄉炒牛欄糍、鹹雞籠……雖然今天已成絕響，但美味依然深繞我心。

求神熱點自然以黃大仙、車公廟為主，住港島較方便是去文武廟。

過年的意頭菜，發財好市必是首選，很多人認為發財比健康更重要。

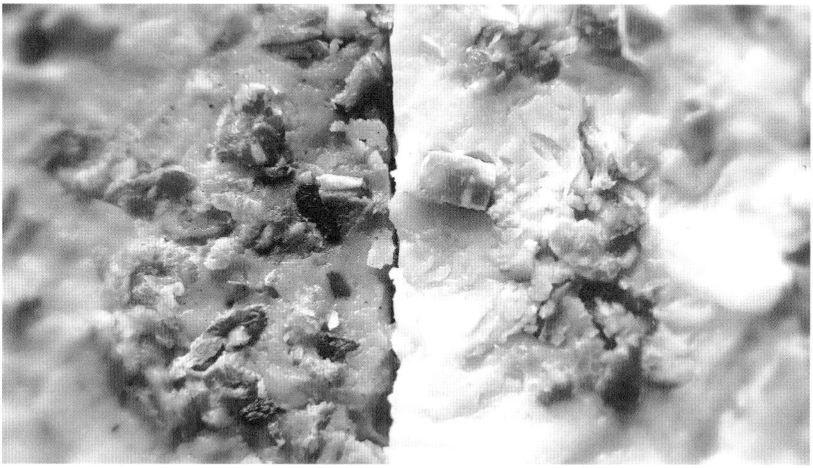

蘿蔔糕和芋頭糕都是過年美點，現在去飲茶都可吃到這點心。

新春期間很多人去拜神，也會守齋，因此齋菜其實很豐富。

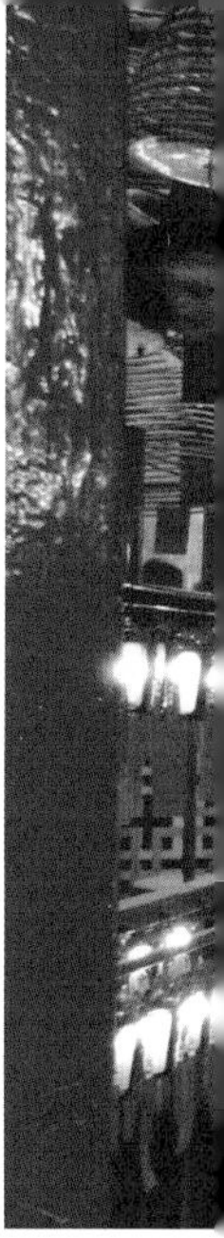

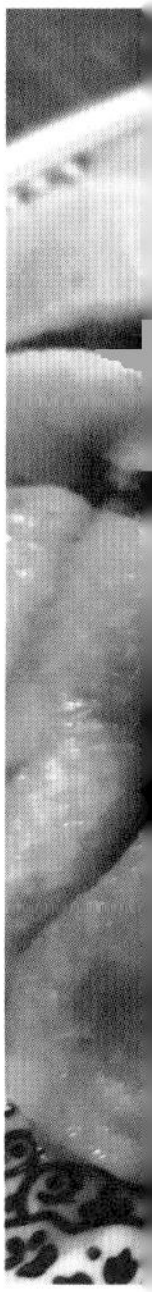

五邑的家鄉鹹鷄很有名，都是用走地鷄做。

過年少不免要食年糕，象徵步步高升，年糕在日本韓國都有，但吃法很不同。

茶泡芋蝦加蝦子紮蹄

「煎堆碌碌，金銀滿屋」過年總少不了油器，以糯米粉糰炸起，加上芝麻而製成，有些包了麻茸、豆沙等餡料，各適其適，是嶺南粵人過年家家戶戶不可缺的賀年食品。我仍記得兒時，逢過年前幾星期已舉家沸騰，上下忙作一團做各式各樣的過年食品，大家庭人多勢眾，很多食品都要自家製，不喜買現成品，認為不夠真材實料，與自家製完全是兩種味道，兒時哪懂欣賞，只知一天到晚滿屋油煙味煩擾不堪，恨不得往外跑，避之則吉。那時家母會準備很多很多的家鄉菜式，她可以花幾個月時間去籌備，雞、鵝、鴨都要買一堆先飼養才劏，保證肥

蝦籽紮蹄的腐皮用上等蠔油烹調，再細摺捲疊一層層而成，腐皮密度高，內抹滿蝦籽，充滿蝦籽鹹香，味道豐富，入口甚有嚼頭。

美肉嫩，她與家傭可一天到晚為此忙個不了，我們這些「大食懶」除了吃實在毫無貢獻。隨着歲月流逝，家人四散各地，這道風景仍深深烙在每個家族成員的腦海，在每次家庭聚會中都成為熱門話題，大家懷念再吃不到的那些美味，再做不出的那些菜餚。

別小看那些煎堆油角，每個環節都做得很講究，有不同的味道，人夥人圍在一起擀麵皮、包油角和下鍋油炸，這些又鹹又甜的油角油糍蛋散，吃起來特別酥化可口，遠比外面買的味美，起碼知道沒用千年油去炸。從歷史來看，煎堆起源其實一點不簡單，可追溯至唐朝，當時叫碌堆，是長安宮廷的食品，後來不少中原人南遷甚至避難，把煎堆帶到南方，成為廣東著名的油器。偶爾吃到鮮炸小煎堆的茶點，配上盅靚濃茶也很滋味，令我想起過年茶泡。

八、九十年代陳意齋老店仍在駱克道，我一天到晚在那區開餐，很多時路經該處都禁不住入去逛逛掃貨買零食，這店很有個性，店員常愛理不理，熟客都知要甚麼，買完即走，不會流連，那時還沒有自由行，是另一種風景。記得店中的主角是隻高竇貓，常蹲在櫃面，活像牠才是老闆，已成為陳意齋其中一個角色，每次到店見到牠不可一世、態度高傲，好想扭牠一把。

陳意齋搬到上環後，因不方便我較少去，但每年臨年結期間都想去行一轉，買點好吃的。幾間老字號中，我特喜歡陳意齋，九十多年歷史，像這樣賣小零食的老店在香港差不多算碩果僅存，那種是很珍貴，也快將失傳的香港老味道。這年代仍堅持用老師傅手藝，人手工自製做燕窩糕、薏米餅、杏仁

陳意齋已有九十多年歷史，仍堅持以人手製作，選用上乘材料去保持傳統配方，製作優質零食。

煎堆是傳統油炸麵食的一種，源於廣東後流行各地。以糯米粉團炸起，加上芝麻而製成，有些包有麻茸、豆沙等餡料。

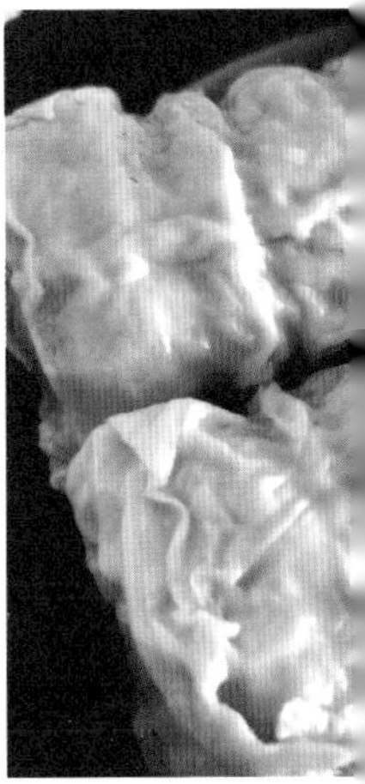

蝦籽紮蹄已愈來愈少人做了。

餅，還有那幾近失傳的蝦子扎蹄，幾十年如一日。這段時候，小小工場忙個不了，尤其在過年前，這邊炸好，那邊已等着出貨，「手快有手慢冇」。見有門面生客拿着產品左看右看，試找出限期，終問店員這是甚麼時候生產，可存放多久，面對這些生客，店員沒好氣，說：「這包剛做出來，最好是即食，一般三兩天沒問題，因沒防腐劑，要趕快吃。」我就是喜其無添加，夠新鮮，曾在某名店拿了包茶泡，原想比試新口味，看看標籤寫着又增味劑又抗氧化劑，可存放兩個月，我便輕輕放下，心想倒不如買包外國的健康薯片，反正都是機器製。

從很多年前開始，我已一切從簡，謝絕拜年，可能年輕時喜歡呼朋喚友，來者不拒，如是者熱鬧了很多年，每招呼完一班人，都使我筋疲力倦，從此改

——茶泡其實像過年食薯片，茶泡與濃茶一同享用，可中和油膩感。

成在外避年，一動不如一靜，我喜歡這心態上的轉變。後來我對新春外遊產生恐懼，見到春運的浩蕩場面我更怕得要死，寧願做回宅男，買些茶泡、芋蝦、扎蹄，沏壺陳年普洱 Low Tea，看些好書、好電影就更愜意。

陳意齋賣的是廣東佛山小食，有的獨家供應，有的自創、有的改良，反正強調自家手工製作。既要忠於傳統、保留原味，又要有自我風格，賣的是全港最自豪的零食。值得講的零食太多，例如馳名的蝦子扎蹄，以上等蠔油烹調的腐皮仔細摺疊，吃起來，層層疊疊甚有嚼頭，吃到滿口蝦子，鮮美無比，腐皮隨着變得豐富起來，令人吃得開心。

茶泡及芋蝦原是佛山、南海、順德及番禺一帶的傳統過年食品，按當地習俗，新抱在年初一奉茶給老爺、奶奶時，會用茶泡送茶。茶泡的食材全是天然農作物，芋頭片、番薯片、慈菇片、花生及蠶豆等，炸時要小心控制火候，當中以番薯最難炸。番

薯糖分最高，炸時若蘸太多糖，顏色變深便不好看，又容易燶，上糖少又會軟身不夠脆，但老店做得剛剛好，金黃香脆。

芋蝦的製作工夫也很繁複，先要把芋頭刨絲漂水，後加少許芝麻及糯米粉，落鑊炸要用撈篩不停轉動才成球形，既要看火，又要夾起，工序繁多，不少店舖現都不願做，好的芋蝦不油膩與茶泡口感不同，都是佐茶佳品。過年前的芋頭剛好夠粉夠乾身，炸起來挺身，但切開後便不宜放入雪櫃，否則便會不夠脆口。這些手工精品，全年只做這三、四星期，新人不願入行，可能他日都會失傳。時間倒數，愈接近年關這些手工小食愈渴市，太早買不宜久放，但挨年近晚又可能買不到，為了「服侍」這幾包東西，幾乎要擇日去買，確氣煞人！

炸芋蝦很講技術和耐性，除了手工切絲，最困難是要一顆顆下鍋逐粒油炸，這個工序急不得，否則會改變油溫而影響品質。

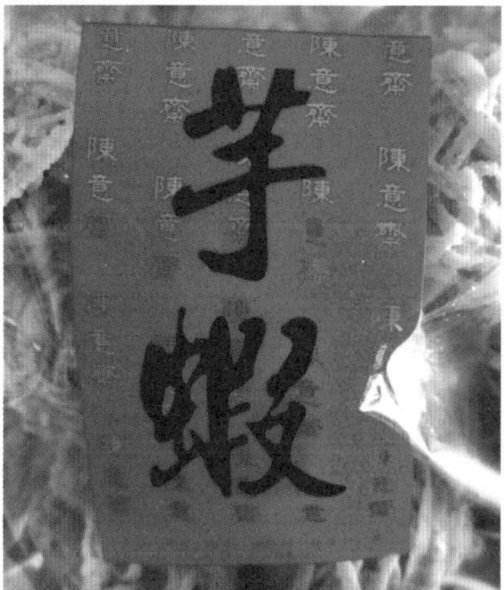

傳統上，新抱要在年初一向家翁家姑奉茶，隨茶奉上的小食就稱為茶泡，這習俗還有多少人跟就不得而知了。

復活了的蛋

除了聖誕、新年，還有兩個節日興送朱古力，其一是情人節，情人當然送花，如不是情人就一般會送朱古力聊表心意，這風氣此間不算流行，但在日本，情人節就常能收到心形朱古力。另一個收朱古力的節日是復活節，那是復活蛋朱古力。復活蛋早在十二世紀因基督教文化而誕生，相關習俗有「塗蛋」、「贈蛋」、「吃蛋」等，其中因地域、信仰不同而有所差別。彩蛋是西方在慶祝復活節時常用作裝飾的蛋，一般是使用經過染色的蛋，但現代人更習慣用蛋狀的朱古力代替，起碼可以吃，教徒將復活蛋比喻為「新生命的開始」，非教友則樂於以吃

復活蛋七彩濱紛，很多其實是朱古力。（iStock photo）

蛋落肚作為終結。

一直以來，蛋都頗具爭議性，光是早餐應不應該吃蛋，或該吃多少隻蛋都引起過不少辯論，「衛生幫」說吃半隻都會危害健康，話雖如此，不少人仍然樂於日日煎雙蛋，烚蛋、炒蛋、滾蛋，無蛋不歡，一於當膽固醇無到。坦白告訴你，我也是其中一名「擁蛋派」，雖不至於日蛋夜蛋，但早餐如有新鮮靚蛋、靚酸種鄉村包加杯郁香意大利咖啡確令我精神一振。年輕時我沒太着意早餐，反而晚餐會大魚大肉，後來改變生活習慣，晚餐減量，能少則少，但早餐有時頗豐富，還喜嚐不同風味之早餐，周時轉款。蛋我喜歡紐約式的班尼迪蛋（Eggs Benedict），配以英式鬆餅、香脆的豬背煙肉和濃郁絲綢般的荷蘭醬，當戳開水波蛋看着緩緩流下的蛋漿時，很奇怪，我頓時有種莫名的快感，就算天色陰沉，我也會驅散霧霾帶來的灰暗。

即使一個簡單的炒蛋都會考起好多人，對嫩滑的要

求，不同的「專家」有不同的高見。光是要高溫還是低溫，要滾油還是冷油，要牛奶還是不要牛奶，要忌廉還是不要忌廉，或甚麼都不要，都有不同。我為此搜看了二、三十條炒蛋片，結論是各走極端，不知誰是誰非。「肥鴨廚神」Heston Blumenthal的做法是把牛奶、雞蛋、鹽、胡椒、鮮奶油全倒入玻璃碗中，之後用叉子慢慢「攪攪攪」，直到它慢慢凝固，他真的很慢，竟花了二十五分鐘去做蛋。另一位本地的炒蛋高手聲稱甚麼都不需添加，只用三秒便炒出六層拉絲滑蛋，技術冠絕全港，我沒吃過，姑妄聽之。

不只炒蛋，其實其他蛋的做法都有其一套學問，像溏心蛋和溫泉蛋，很多人吃了也分不出來，溫泉蛋

火腿蛋鬆餅一直是我喜愛的早餐，除了水波蛋，配搭火腿或煙肉，荷蘭醬就是這個早餐的底蘊。

這不是太陽蛋也非水波蛋，是不是溫泉蛋。

早餐華夫烘餅配滑蛋。

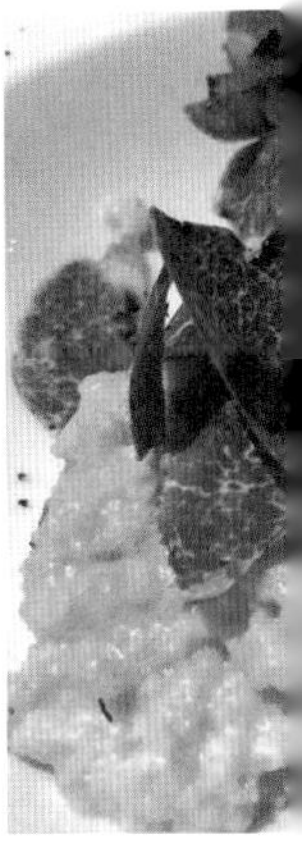

黑松露炒蛋很多名廚都做，見他們刨松露之起勁，便知這客蛋有多貴。(Photo/Claudia Ng)

蛋包飯有很多版本，據說最初是電影為劇情設計的一道料理。（iStock photo）

是蛋白未凝固，蛋黃呈現凝固的半熟狀態，溏心蛋是蛋白熟透凝固，蛋黃呈現半熟狀態的蛋料理，做拉麵配料的是溏心蛋，在日式料理店佐酒、拌飯、拌菜的是溫泉蛋。

還有近年人氣高企的的蛋包飯，以嫩滑的蛋包搭配鬆軟米飯，搖身變成精緻的料理。蛋包飯的出現其實已有好一段時間，在東京有間九十年歷史，叫たいめいけん（Taimeiken）的洋食屋，其中有道招牌菜跟一般蛋包飯不同，叫蒲公英蛋包飯，是由他們首創。所謂蒲公英蛋包飯（タンポポオムライス）是導演伊丹十三在他的經典電影作品《蒲公英》中，為劇情設計出的一道料理：將蛋煎成半熟奄列放在飯面上，再劃開讓蛋汁流出成為創新料理。現到處都流行蛋包飯了，這店的蛋包飯名氣大於味道，我嚐過寧願吃荷包蛋叉燒飯，可能更令我銷魂。

近年興起的漩渦蛋包飯就較有趣味，更被日本職人稱為「禮服蛋包飯」、「公主裙蛋包」，可說是藝術化的蛋包飯。漩渦蛋包飯與一般蛋包飯不同的地方在於，廚師將蛋液扭成漩渦狀，在半熟狀態下放上飯面，既有口感也有賣相。製作這漩渦蛋看似很簡單，不過是將新鮮蛋液倒入熱鍋，接着就用雙筷子

溫泉蛋配煙三文是另一個流心吃法。

上海燻蛋，溏心蛋流油是最有煙燻味。

鵪鶉蛋有著「卵中佳品」的美譽因而受到了人們的青睞。

茶葉蛋的裂痕不能隨便，是讓茶褐色滷汁滲入，這才入味。

將蛋液往鍋子中央撥，讓蛋液變熟變皺時順着旋轉，將皺蛋轉出成型，趁蛋未熟就趕快上碟，看得我都想去學。位於日本埼玉縣，開了六十年的餐廳紅亭（ベニテイ），漩渦蛋包飯是其招牌菜，吸引許多饕客求吃，有時要提前兩個月預約。

我認為蛋是普天下間最神奇、最千變萬化的食物，即使是作為前菜的上海燻蛋或酸薑皮蛋，要成為一道美食都不容易，起碼要溏心油，燻蛋要有煙燻味，松花皮蛋就不能帶金屬味；其他滷水蛋、茶葉蛋、薑醋蛋都各有風味和特色，數之不盡。假如沒有蛋，很難想像因此而消失的美食有多少，起碼美味的蛋糕甜點會失去大半。蛋的美食各施各法，到最後令人齒頰留香，能餘下回味的口感，才是最終的美味。像我吃過最滋味的炒蛋，是在北京郊區的一個農莊，用剛生下的蛋，殼仍軟帶着餘溫，簡簡單單只下少許葱花，嫩滑燙口，隔了這麼多年，舌尖上彷彿仍繞着蛋香。

酸薑與溏心皮蛋，剛好酸鹼中和，用當季醃子薑更妙，是最佳配搭。

又到糉味飄香時

中秋月餅五月糉，記得很久以前未到五月已可見糉影處處，行過街會飄來糉香葉香，很多食店、燒臘店、南貨店都掛滿糉子上市的字句，能感受到節日氣氛。現在行遍半個區都見不到有糉，可能早已化成糉券，人們往連鎖店換糉去了，因各酒樓食肆很早已忙於推銷糉券，賣糉多過招呼你飲茶點菜。你覺不覺得糉子早已變質，近年愈來愈多各式各樣的「騎呢」糉在倒你的胃口，糉子不再是原來的樣貌，突然像在吃叫化雞，吃乾鮑，甚至吃佛跳牆，更有甚者，變成吃和牛、吃鵝肝、吃帕爾馬火腿、黑松露。我的天！我們還是在吃糉嗎？

——吃糭不必畫蛇添足，胡亂加不必要的東西，傳統的家鄉糭是最好吃，每處都有其獨特味道，好吃便是好糭。

我們高貴的半島酒店在過去這麼多年賣月餅賣出了名堂，盆滿缽滿連年報成績表都有個位置，現在豈能沒有糭供應，它的金腿乾鮑裹蒸糭賣六百四十八元，還要預訂，可能早已賣光。相對之下半島的糭仍未算貴，聞說富貴糭中之最，是香格里拉香宮的二十六頭吉品乾鮑魚金腿糭，每隻盛惠一千七百二十八元，我懷疑是否淨食隻阿一鮑魚會更好味？當然阿一都有出鮑魚糭，其富臨飯店的裹蒸糭，每隻約重一斤，選用三十八頭吉品鮑，一千三百八十元有兩隻。如果連鏞記出的鮑魚燒鵝糭，這三種糭該是市面上頭三位過千元的富貴糭。我見很多如此這般的富貴糭，真的用盡所謂高檔的海陸空食材，試想一隻糭內有乾貝、土雞、火腿、烏參、豬腳、鮮鮑、北菇等等一大堆，我奇怪還有位置可供放米嗎？

對比之下，陸羽茶室的裹蒸糭確算真己，它不會胡亂加大堆富貴料，反而沿用傳統的材料如糯米、綠豆、蓮子、鹹蛋黃、肥豬肉、自家製燒腩、燒鴨和香菇等，糉軟糯微黏，綠豆綿香，蛋黃油剔透做得很好，只賣兩百多元一隻。其蓮蓉糉更講究，煙韌而不膩，是我很喜愛的甜點。吾胃的 quota 有限，每年只容吃三幾隻裹蒸糉，其中已預留個位給陸羽，豈料一連兩天午前去已賣光，今天預留了一隻裹蒸糉準備明早去應節。近年的裹蒸糉愈做愈豪愈失常，採用的餡料千奇百怪，像在吃盆菜而非吃糉，似乎大家已忘記了傳統裹蒸糉的味道。陸羽的傳統裹蒸糉配上我的陳皮普洱，老老實實的味道，將所有浮誇的富貴糉都比下去。

很多人因健康理由而遠離傳統的鹹肉糉、鹼水糉，代而興起的是大堆所謂健康糉，其中一些標榜有殼穀物作為招徠，如以黑米、紫米等來取代白糯米，不同種類的米，所含熱量其實相差不遠，但如果糉子本身有豬肉和鹹蛋黃等「致肥元凶」，最後的熱量還不是一樣？另一些不算是糉的水晶糉，也即冰糉，看上去晶瑩通透有視覺效果，含大量水溶性纖

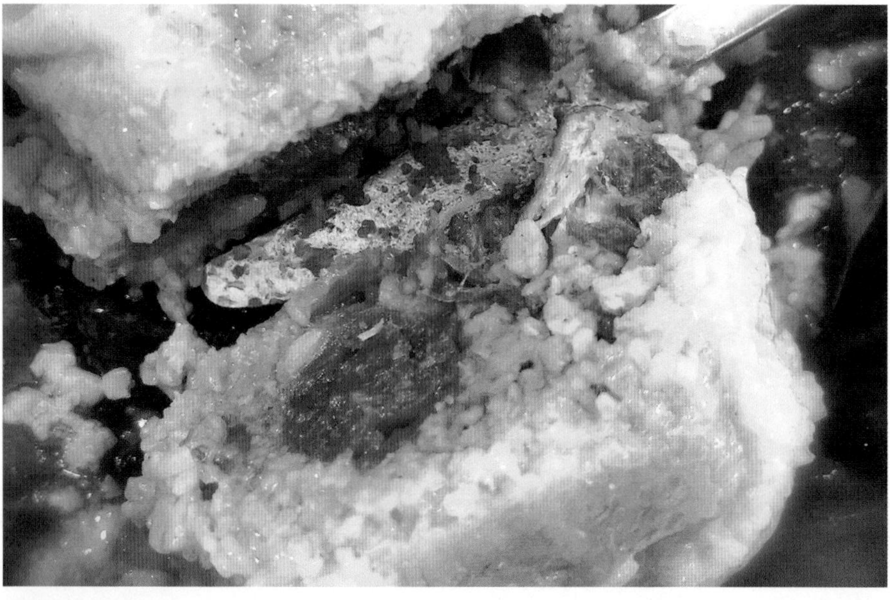

裹蒸粽的靈魂是那小塊肥肉和鹹蛋黃，八分肥兩分瘦的肥豬肉會將油脂溶入米及綠豆中，使糉充滿油香。

——裹蒸糭不宜太大，更不要像糭皇，或小似糯米雞，餡料宜簡不宜繁，愈多料就愈不好吃。

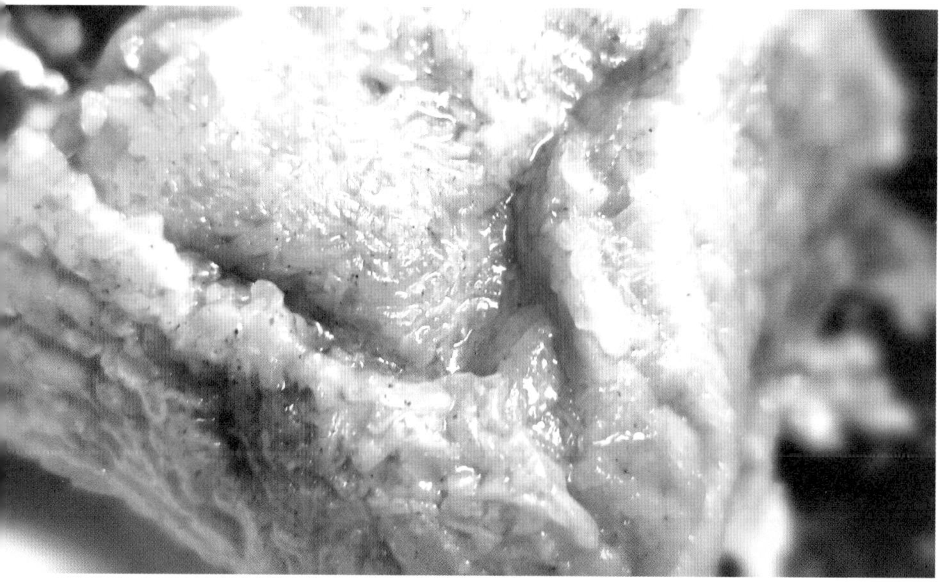

——脂香葉香遍佈，吃起來綿糯不會咬着硬物影響味道，這才是真正的好糭。

維，不過其餡料糖分較高，每隻約含十六至二十克糖，如喝半罐可樂，約佔每日最高攝取量的一半。不過相比起那些富貴糉還是算健康的，裹蒸糉的餡料如太豐富，自然熱量會高，再加上甚麼鮑魚海味，含「嘌呤」更高，有痛風的就要當心。

其實很多國家都有「端午節」，看他們做的糉都很有趣。像在每年西曆五月，日本各處都可見飄揚的鯉魚旗，慶祝「男兒節」，即「子供の日」，但同時也是「端午節」，家家戶戶會插菖蒲、艾草以辟邪，還會吃包着紅豆餡的白色甜糉以及用柏葉包的「柏餅」。他們不用糯米做糉，而是用搗碎的米粉做，形狀像根棒槌，造型有趣。

還有東南亞各國如星馬泰、越南，甚至緬甸都有風格不同的糉，有的奇形怪狀及有不同顏色，大部分我都沒嚐過。像有種藍色的糉看起來有點奇怪，其實這是星馬尤其馬六甲一帶傳統的娘惹糉，內裹豬肉、香菇、冬瓜糖，另加上各種香料和蝦米炒香的好的鹼水糉，口感清雅爽滑，煙韌而沒一點鹼澀味，是很純淨天然的糉。

「閏巴」(Rempah)，最後放入片班蘭葉。所用的糯米在包裹前，會用蝶豆花，即當地人稱的藍花，將米粒染藍，因此產生藍色的獨特色澤。

在新加坡，糉子是非常普遍的糕點食品，不用在端午節也能吃到，當地華人籍貫繁多，所以糉的口味也很不一樣。例如獅城的糉，以獨特香料、芫荽粉配上豉油，再配以香甜爽口的冬瓜條混炒，裹入糯米中，鮮而不膩，鹹中帶甜。

而泰國會在每年的四月潑水節，或七至九月的雨季吃糉，主要以甜味糉為主，糯米先泡在椰汁裡，加入椰子、黑豆、芋頭、地瓜作餡，以綠色的糉葉包裹，最後蒸熟就變成了淡綠色，味道特別清香，除了將糉蒸來吃，泰國人還喜歡將它烤着吃，感覺口味很奇妙。

我始終認為吃糉不必畫蛇添足，傳統的糉，尤其是家鄉糉最好吃，不管是中山的蘆兜糉、上海的嘉湖

吃糉不應太複雜，有時簡單的家鄉糉已很好吃。

糉、浙江的湖州糉、東莞的道滘糉恩平的裹糉至客家的灰水糉都各有其特色及味道，都值得細細品嚐。好像中山的蘆兜糉，包糉用的不是竹葉和荷葉，而是蘆兜葉，這種葉又長又硬兼長滿鈎刺，樹葉怒髮衝冠像把劍，所以端午前就要上山採割，要先削刺，曬乾、燙洗再軟化才可用來包糉，這種糉斤兩十足大如玉枕，由於工序繁複，很少人願意製作，已不多見。反而上海嘉湖糉就糉影處處，不需去外省雜貨店也能買到，它跟廣東糉最大的分別是，其糯米經滷水醃製過，有濃厚的豉油味，正宗的不放綠豆和鹹蛋。其實各處地方都有當地的口味和習慣，我覺得沒必要去比較，在我的味蕾上，只有好吃和不好吃。

我以前有一位女助手，家鄉在恩平，她家做糉很出名，很久前給我一試恩平糉使我眼界大開，這糉的賣相很特別，外形包紮得甚精美，是富貴人家專作送禮用的。恩平糉一般叫「裹糉」，特別的是包糉的葉子要從深山老林採摘，這帶刺的長葉叫「蓢

各地都有不同的糉，好像藍色的娘惹糉。（iStock photo）

（Photo/ Eric Yeung）

古」，看上去和蘆兜葉差不多，也是要削刺裁成細條，用來包糉不但紮實、使其受熱平均還會散發出獨特的葉香，裹糉用料都很簡單基本是糯米，綠豆，鹹蛋和鹹肉，還有獨特的香料叫紅藍葉，所以做出來的糉有其獨特糉香。

東莞的道滘糉自稱為廣東第一糉，早於三、四十年代已馳名粵莞一帶，與肇慶裹蒸糉剛相反，道滘糉不着重綠豆，放得較少，但兩者的味道都不錯。至於客家的灰水糉，即將果木燒成灰，在炭黑的灰燼上澆上滾水，再變成茶黃色的灰水，用灰水浸米做成金黃色的鹼水糉。此老手藝工序繁複、極花時間，但做出的天然鹼水糉，口感清雅爽滑又煙韌，且沒一點鹼澀味，也可涼食，是一種很純淨天然的糉。

聽過一些談吃糉的高見，似乎個個都是專家，但一些很簡單的道理卻是不爭的事實。一顆糉不外乎是糉葉、糉繩、糯米、餡料，還有對水質、火候、時恩平鹹肉糉有自己的格調，糉葉採自深山，糉葉和糉帶都要經幾煲幾漂才可用。

(Photo/ Eric Yeung)

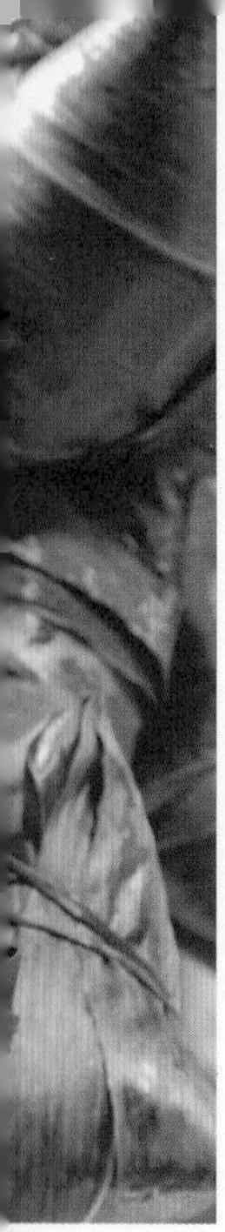

恩平糉用葫古帶包紮特別紮實，糉內的米受熱均勻，蒸熟有獨特的異香。

——好糭沒必要去比較，我的味蕾只有好吃和不好吃已足夠了。

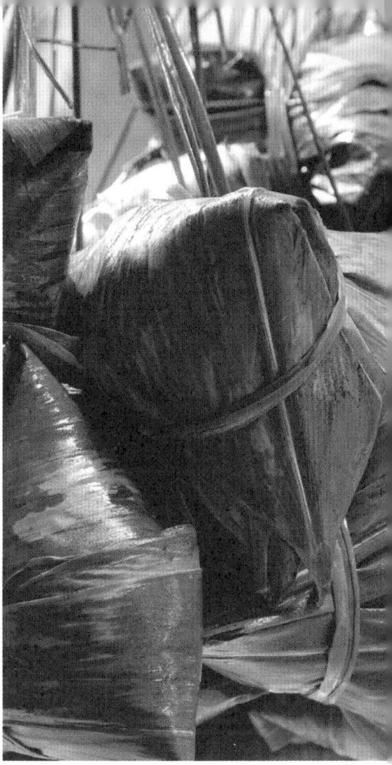

間的掌握，沒有哪類糭最好味，如沒有好的材料做糭，甚麼糭都會變得難以入口，當然包糭紮糭也是一大學問。

何謂好的裹蒸糭？一隻靚糭只需要基本的靚料，完全不需多此一舉強加雜料，靈魂是那小塊肥肉和鹹蛋黃，八分肥兩分瘦的肥豬肉會將油脂溶入米及綠豆中，使糭充滿油香，鹹蛋黃要有黃油起沙不能硬成一塊，糯米和綠豆比例是七比三。糯米綠豆腍而不爛，充滿脂香、葉香，吃起來綿糯不會有咬着硬物的感覺，這才是真正的好糭。當你明白這些比例便知好的裹蒸糭不宜太大，更不要迷信甚麼是糭皇，當然也不要太小像隻糯米雞，餡料宜簡不宜繁，越多料便越不好吃，那些大陣仗的富貴糭，只合作送禮用顯顯派頭，稍懂吃都不會垂青。今天雖然糭香漸飄遠，也不妨應節嚐個傳統美味的靚糭，記得配上那陳皮普洱，也算是應節樂事。

月餅隨着世界變

近年餐飲業哀鴻遍野，相信整個行業都在垂死掙扎，我見很多食肆都小貓三兩隻，慘不忍睹，平時的熱鬧已一去不回。不過端午節就有奇趣現象，陸羽說他們二〇二一年的裹蒸糉竟銷量奇佳，甚至因找不到足夠的幫工，只能限量生產，可能人人在家，齊齊食裹蒸糉最歡樂。且看今年月餅的市道又如何，很多餅店、食店甚至酒店都視中秋為全年最重要的大節日，賣月餅甚至可成命脈，如某大餅店，月餅生意額曾高達七億港元，其他品牌隨時都有過億港元進賬，究竟重不重要？你看大酒店的年報便知道，但今時今日業績能維持以往的一半已偷笑。

現在的月餅已變得千奇百怪，很多美其名月餅，其實可能是雪糕、麻糬甚至是鳳梨酥。

微熱山丘也應節賣月餅。

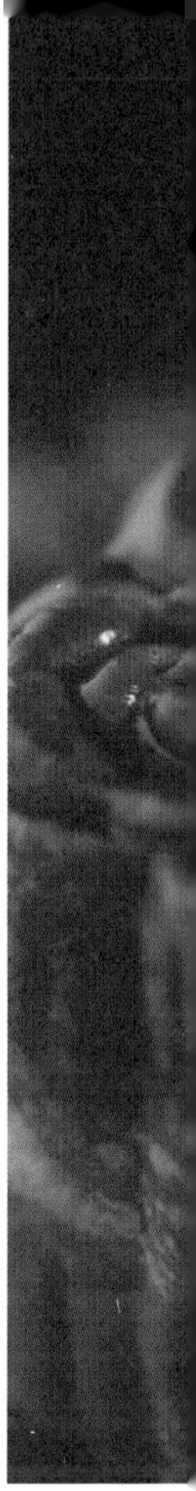

過去幾年我都有在中秋寫些遊戲文章「應節」，習慣留意月餅的巿道和各種設計，從月餅的變化也可見到市場上的「陰晴圓缺」，尤其餅盒的式樣，已成為各大門派的競技場。幾年前，餅盒花樣層出不窮，餅未吃已看得賞心悅目，現隨着疫情，恐怕各大品牌多按兵不動，或「縮得就縮」，就連禮盒也不再有大手筆，從其設計便可窺見一二。月餅的質素可影響銷情，餅盒是否吸引也絕對有關係，今時今日的餅盒早已翻天覆地，以標奇立異為目的，否則難以出位。

約三十多年前，我曾替外國一間中式快餐集團設計一系列的月餅盒，當年的月餅市場仍非常保守，尤其在海外，都是傳統鐵餅盒和千篇一律的八股圖案，談不上甚麼設計，老闆是我老友，對我言聽計從，建議一反傳統將古老餅盒做成西餅盒圖案，反正外國人才不曉何謂傳統，還不是「餅一舊」，在

約三十多年前，曾替外國一餐飲集團，設計系列的月餅盒，當年已算是非常大膽創新的設計。

以前的月餅市場非常保守單調，尤其在海外，都是傳統鐵餅盒，千篇一律的八股圖案，我的設計算開了先河。

奶黃月餅最先在八十年代出現，外皮與傳統月餅相似，使用奶黃作餡料，半島酒店始創者。(半島酒店提供)

當年來說是頗大膽創新的嘗試，幸而反應很好，瞬間便賣光，睹物思人，看到這餅盒便不禁思念起這位對我很好的故友，以及和他到各地尋探美食的歡樂日子。

本地月餅除了那幾間老字號，還有大堆本地餅店、食店、酒店甚至其他無相關行業如時裝店，不管懂與不懂都加入戰場，去瓜分這塊大餅，僧多粥少每年出出入入的品牌很多，能留在戰場的非有點本領不可，所以除傳統月餅外，新產品都要層出不窮，變來變去都要變出新意思去吸引顧客。成功將月餅抬上另一階梯的，自然是半島酒店，嘉麟樓的月餅年年供不應求賣到斷市，其迷你奶黃月餅早在一九八六年已面世，當日廚師從奶黃包中取得靈感，以奶黃作餡，牛油皮做餅皮，成功創出這種中西合璧的迷你奶黃月餅，從此將月餅帶入了「奶黃時代」。其後兩位從半島出來的大師傅自立門戶，對外各有各說宣稱自己為迷你奶黃月餅的原創者，變成羅生門故事，一宗關於迷你奶黃月餅誕生的懸

｜微熱山丘鳳梨奶黃月餅（微熱山丘提供）

案，謎底就像XO醬的誕生，都有很多不同版本。不過奶黃月餅算是成功的「變種」，現在光是流心已有流出無數不同口味，但流來流去都離不開一個「甜」字。

如覺得奶黃月餅太甜、太單調，不妨轉口味試台灣品牌微熱山丘的月餅，微熱山丘以鳳梨酥打出名堂，其推出的鳳梨奶黃月餅，甜酸鹹香均備，今年再加料招牌鳳梨醬，味道更酸甜，我沒試過月餅但應該可以訂購。我去過其東京南青山店，在表參道附近的小巷，這店特找建築大師隈研吾設計，全棟建築用木條交錯合成，非常有特色，很多人慕名而去觀賞其建築，我也是好奇想參觀而吃了件鳳梨酥，側聞隈研吾設計這店只象徵式收兩千萬日圓，可算「賣大包」。微熱山丘有其文青擁躉，多年前原設在香港中環贊善里的小店也不錯，可惜無以為繼了。

台灣形形色色的月餅很多，有種頗特別的白豆沙餅

不妨一試，想吃可到板橋一條俗稱「喜餅街」的地方，此處餅店林立，有兩家老字號傳統餅店，叫長興餅店及信芳餅店。兩店的出品大同小異，白豆沙餡的原料是白鳳豆，口感綿密細緻、不甜不膩、入口即溶，餅皮像層層紙片輕如薄紗，每到中秋，人們就大排長龍買古早味的白豆沙餅，這就是他們的

日本月餅屬和菓子類別，叫月見糰子。（Shutterstock photo）

白豆沙餡的白豆沙餅。（信芳餅店提供）

棋子餅沒有內餡，好吃與否就看麵糰，而麵糰是用月餅獨有的糖漿皮來做，故中秋的棋子餅特別好吃。

本土月餅，味道不錯且很便宜，兩店靠在旁，賣同樣的商品，但各有各的擁躉，相安無事。

中秋賞月不獨華人社會，韓國、日本都有過中秋，似乎韓國較隆重。過中秋的習俗早在唐朝時已傳入日本，當地的中秋節叫「十五夜」，最初在朝廷貴族間流行，中秋有作詩、奏樂的盛會，他們沒有嫦娥奔月，卻有白兔在月亮上做日本燒餅，月餅在日本是屬於和菓子的類別，日文名叫「げっぺい」，漢字都用「月餅」。但日本人並沒有吃月餅的習俗，一般只有在日華僑才吃月餅。當地最常見的應節食品是糰子，當中有一種「月見糰子」，是由糯米粉和水搓成的白色圓球，口感似年糕，有圓月的意思，根源不可考但極有唐風，近年亦有人將甜的紅豆沙或其他食材塗在無味的「月見糰子」上以改良口味。

對我來說始終還是那句，不管世界怎樣變，有些傳統是無價，月餅如變成了西餅蛋糕，變了朱古力、

傳統的雙黃蓮蓉月才是永恆的月餅。

傳統的五仁月餅是橄欖仁、核桃仁、杏仁、瓜子仁和芝麻仁，也有加鹹香的金華火腿。

雪糕餡，那還算是月餅嗎？過中秋的意境，少不了吃口「起沙」的鹹黃湘蓮蓉，配上一壺陳年普洱，還有那日漸消失的金華五仁月。其實月餅中我較喜金華五仁，火腿切碎摻雜在五仁中，鹹鮮味中和甜味，有種混合而成的感覺，令味道變得豐富，複雜而有層次，不是單純的甜，加上呷一口濃茶，才算是完美節日的味道！

你懂得感恩嗎？

懂感恩的人似乎日漸少見，所以愈來愈少人提起感恩節，可能沒甚麼值得thanksgiving。感恩節即我們的「做冬」，有謂「冬大過年」，在外國尤其北美一帶，是個很重要的節日，特別對於加拿大人和美國人來說，他們視之比聖誕更重要，即使遠在他鄉，都想在感恩節前趕回去，與家人團聚共度佳節。加拿大和美國的感恩節時間不同，加拿大是十月第二個星期一，而美國是十一月最後一個星期四，對北美人來說，這才是全年大節，感恩節是家庭團聚吃火雞的好時光。

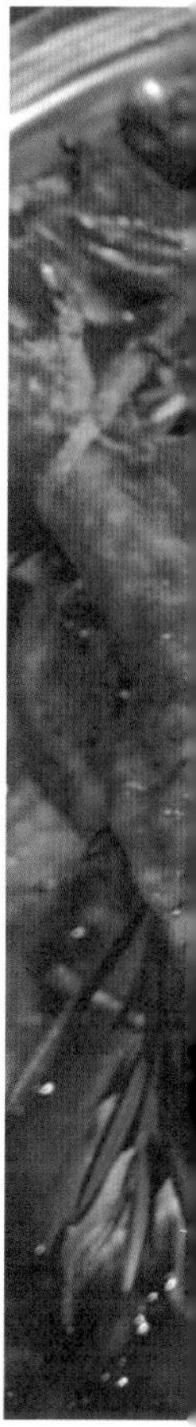

不管是感恩節或聖誕節，如果沒有火雞，這節日都像有所欠缺。(Photo/ Chan Wai Hong)

特別的餅點小食，是節日送禮自奉的佳品。

人需要感恩的其實可以很多，幫助你的當然要感謝；給你機會的，你要感謝；指正你過錯的，你要感謝；包容你的，你要感謝；即使與你競爭的，你也要感謝。但對於忘恩負義的人而言，感恩節就真的沒甚麼意義，他們需要的是忘恩節。

感恩節的美食其實不多，傳統上都是那十來款食物，主角當然是火雞，我覺得感恩節如不吃火雞，等於在春節不見雞，那就不像個節日。火雞根本是感恩節的主角，傳統上還會有特赦，長久以來，很多人都對火雞帶負面眼光，總認為既「柴皮」又沒味道，怎吃都吃不出滋味。年前我寫了篇為火雞平反的文章，我不認為火雞難吃，反而我頗喜歡在節日裡吃火雞，問題只是你有沒有買到優質火雞，和你用甚麼的 stuffing 去做填料，而醃製和焗烤過程都很考工夫，其中一秘訣是用錫紙蓋着火雞焗，到最後一小時才拿走，這樣就皮脆肉軟，做得好一樣可以烤到外皮色澤油亮金黃，肉質軟嫩不會乾柴。醬汁以火雞骨、牛骨、雞肝及香料慢火熬煮而

很多人吃火雞忽視了餡料，這是非常重要，配料的結合可以口感豐富，絕對可提升火雞的味道。

感恩節能家人歡聚一起，這節日才有意思，美國人認為感恩節是全年最重要的一餐。

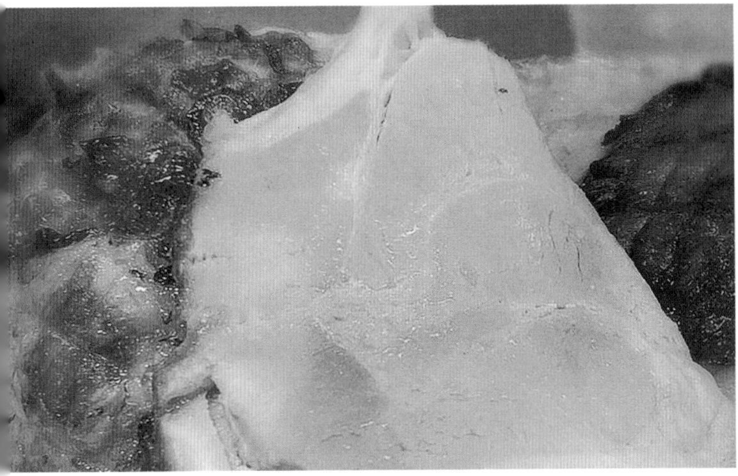

感恩大餐除了火雞，還有蜜汁烤焗火腿。

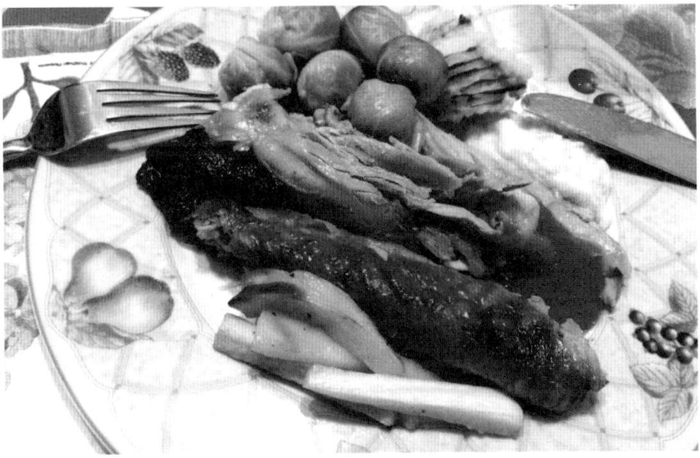

大火雞翼好像食大鵝翼，如燒得嫩滑一樣吃得痛快。

除烤火雞、烤火腿外，也有烤腸作副食。

抱子甘藍（Brussels Sprouts）俗稱小椰菜，樣子像常見的椰菜，聖誕大餐的伴菜不可缺，最好以腿茸烤焗。

配菜很重要，不一定烤，白灼配香料初榨橄欖油便很好味。

用法邊豆焗新薯伴肉加上肉汁火雞餡料特別好味。

感恩餐的伴菜很多有焗薯，不妨試用法國鴨油焗薯，好酥脆很好味。(Photo/ Chan Wai Hong)

成，再配自製的酸甜蔓越莓醬。配菜也是傳統的煙肉炒抱子甘藍（Brussels Sprouts）、鴨油烤焗薯、紅蘿蔔、白花菜、焗烤法國邊豆，再配蘋果核桃芝麻菜沙律。如嫌不夠，可再加焗美味的維珍尼亞火腿（Virginia Ham），肉質軟嫩充滿嚼勁，配上蜜香是完美之合。傳統的感恩餐不外如是，並非山珍海錯，但却帶着暖流直搗心窩。

在感恩節，能與家人歡聚飽餐一頓、閒話家常，甚麼歧見、偏見都要擱在一旁，多點珍惜在一起的時光。感恩節就是要我們對那些自以為理所當然的一切，心存感恩！

今天為火雞平反

今年的感恩節真的要加倍感恩，我經常跟人說，不要自以為大，你大得過天？「人定勝天」老實說是句廢話，通常以為自己好「大」的，其實都好渺小，小若微塵都不如的人，往往會被自大、傲慢和偏見埋葬。感恩節除了懂感恩，也要去反思很多事，腦袋活動時，口也要吃點好的去應節，這樣的感恩節才有意義。

一頓傳統的感恩餐，包括有主菜烤火雞及火雞餡料，另有火腿及肉腸，配濃稠肉汁淋醬、蔓越莓醬，配菜有奶油薯蓉、焗烤四季豆、小蘿蔔、椰

節日的大餐可令全屋充滿溫暖感，不獨飽餐一頓，更是凝聚力。（iStcck photo）

菜、粟米、棉花糖、甜薯等蔬菜盤，甜品是南瓜批、胡桃批等，這便是基本菜式。要準備以上的菜式都頗費工夫和時間，但自製、自選的材料做出來的家常味道是遠比外賣優勝，這點不在話下。別看輕簡簡單單的一道配料蔓越莓醬，吃火雞如欠缺它就像吃燒鴨沒蘸酸梅醬，總是欠缺些味道。酸甜的

食火鷄的重要配料曼越莓醬。

蔓越莓醬雖然算是果醬（Jam），但配上烤火雞，便搖身變成醬汁（Sauce）。蔓越莓是種很酸的水果，難以生吃，通常會加糖做成果醬、果乾或醬汁，一些糕點也會用新鮮蔓越莓去做。新鮮的蔓越莓以人工熬成醬汁，味道豐厚有真正的果鮮，比罐頭貨當然優勝得多。

火雞又叫吐綬雞，日本稱其為七面鳥，是一種原產於北美洲的家禽。不過據一些考古研究發現，早於遠古馬雅文明已出現野生眼斑火雞，是北美火雞的遠親。火雞體形比一般雞大，可達十公斤以上，展翼可超過一點四米，算是大型的鳥類，我奇怪它如此龐大笨重怎飛得起，不過看紀錄片，這些野生火雞還飛得不錯，晚上在樹上休息，估計那些樹都要夠巨型才能承受。現代的家禽火雞由墨西哥原住民馴化當地野生火雞而來。想起來雞像命中註定般，最終要扮演「犧牲者」的角色，無論是東方的農曆新年或是歐美的感恩節，雞必少不了，農曆新年會準備三牲，感恩節也一定有烤火雞去應節。

要烤隻好味嫩滑的火鷄究竟有多難？要問問我在多倫多的攝影師，他說竟花了幾天去炮製這火雞，聲言不會重拍。(Photo/ Chan Wai Hong)

配火雞餡料有很多種，不需甚麼都塞入去釀，完全可另外獨立焗製，我最喜歡用栗子，夠香和有口感。(iStock photo)

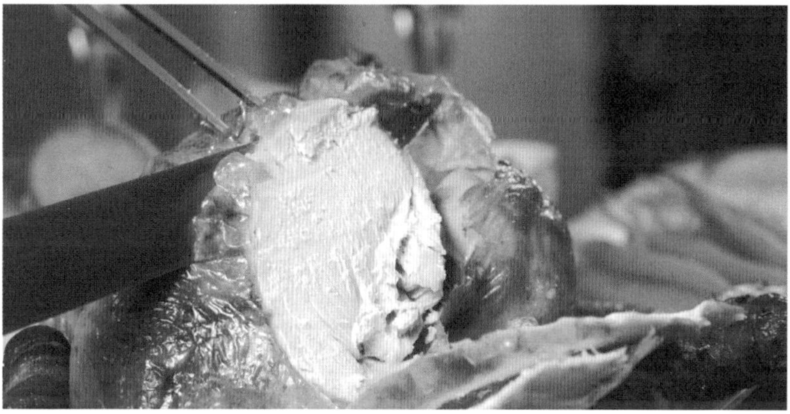

怎樣切好火雞也需有點步驟和學問，要順紋順切才好食。(iStock photo)

據聞，一六二〇年一批英國清教徒為了避難，搭乘「五月花號」木船駛往美洲。他們在大西洋漂泊了幾十天，最後到達北美普利茅斯。當時正值嚴冬，當地印第安人士著拿出貯藏過冬的粟米薯仔，和捕獲的火雞送給他們充飢渡過難關，成為感恩節的起源。美國人吃火雞多數焗烤，通常在火雞內部中塞進各種拌好的配料，然後整隻燒烤，一般要全雞而不分件，就像我們在大年夜吃魚，不會用魚片而要全魚上桌一樣，有全家人團聚在一起的象徵意義。

很多人對火雞存有偏見，認為肉質粗糙且「柴皮」沒味道。的確，一般餐廳用的大路雪貨及那種行貨操作是沒可能做出好味道的，其實好味道的道理很簡單，但要落手去烤火雞就絕不簡單，很花時間、精神，烘烤時必須細心掌握火候，最好插支溫度針查看，先以高溫將原汁鎖住不流失，這才令肉質細嫩充滿彈性，烤焗時間要視乎火雞大小而定，在三數小時中要不斷地觀察，反覆十多次將逼出的原汁精華不斷澆淋在火雞上，運用雞汁濕潤外皮，讓其慢慢變成金黃色，才可烤出酥脆的口感。

選火雞是個學問，買火雞前要細看產地及說明，千萬別被一大堆名堂多多的標籤搞亂，很多沒有甚麼意義，甚麼「young and fresh」、「free-range」、「cage-free」……都不盡不實，一般只表示在相對較好一點的環境養大，你以為是身嬌肉貴的布雷斯雞？不過有機火雞都頗貴，在於沒有使用激素、添加劑及農藥，以有機飼料飼養，有較大的活動空間，所以雞腿肉也較大。

我見好些人將烤得好好的一隻火雞切得支離破碎，亂切一通確影響食慾。有些切火雞的基本常識和技巧不可不知。「工欲善其事，必先利其器」，首先要選對工具，要用不同的切肉刀，刀要磨鋒利用以處理不同位置，切板要大且厚，不宜在餐桌上切，因雞有油，最好戴上廚房工作專用的膠手套以防滑脫失手。切火雞要有點步驟才完美，先把火雞面向自己一方擺放，如有綁繩先剪掉，如有餡料，要先拿走，在火雞頸部位先切出一個V字，取走連接頸部與雞身的「許願骨」（Wishbone），順紋理在關節位切出兩邊的大雞腿，上翼位暫保留作穩定雞身，將雞胸從上往下順骨邊劏開，把火雞一分為二大塊，之後才切開雞翼，大雞塊可順紋斜斜地連皮厚切，基本上可切出整隻完美的烤火雞上碟。

至於餡料部分我認為最好另外處理，塞太多餡料在火雞裡烹飪，會阻礙熱氣流走，而進入雞身，餡料和雞身的溫度不同，熱氣易令火雞失去水分，口感便不一樣。傳統餡料最多是麵包糠或麵包丁，也可以是米飯或薯塊，但我特別喜用板栗，先將洋蔥粒和西芹粒炒香，加入麵包丁和板栗，再加鼠尾草（Sage），用火雞汁將麵包丁黏合會特別入味，這本身已是道菜。在節日中如成功烤出隻金黃脆皮、肉汁四溢的火雞，讓烤雞香味瀰漫全家，再配上新鮮熬煮的蔓越莓醬，確令這餐吃得美滿歡愉，會令節日更添色彩。

切火雞要有點技巧，切得太破碎便不好吃。

後記

陸羽有道名菜我很喜歡，叫糯米雞，這菜很考工夫，以原隻雞去骨、去肉、去皮下脂肪，只剩下雞皮然後放入糯米才炸。我也試過將臘味糯米飯作餡料塞入火雞，飯先要煮好，味道才更好，但始終有點fusion，不能取代傳統的感恩節大餐，可能留待過年吃會較合適。這是氣氛感覺問題而不是味道。

總而言之，你吃一頓飯都要看時候、跟誰吃、話是否投機、氣氛環境對不對，否則「食龍肉」都無味。

呈八角星形的意大利黃金麵包，歷史較悠久，可追溯至一世紀的皇室權貴。(iStock photo)

我的聖誕尾食 Panettone

正如中秋吃月餅，端午吃糉，冬至吃湯圓，我在聖誕節，特別喜歡吃意大利聖誕蛋糕（Panettone），曾有段時間很迷這種類似麵包的「蛋糕」，每年過節都買不少，有大有細廣送親友分享，我也留一些自享，一般意大利聖誕蛋糕可存放很久，可吃到過春節，有時當早餐，有時當下午茶，甚至午餐、晚餐都可吃上幾口，「食極不厭」。

Panettone 究竟是麵包還是蛋糕？是否和意大利黃金麵包（Pandoro，又譯作潘多酪麵包）一樣？兩者有何分別？最初我都以為是同類只不過形狀不同，意大利聖誕蛋糕呈圓柱狀而意大利黃金麵包的剖面是八角星形。看原料，意大利聖誕蛋糕中放葡萄乾和蜜餞柑橘皮，糖漬水果有果香，而傳統的意大利黃金麵包則充滿香草的香味，外層被糖粉覆蓋，內部

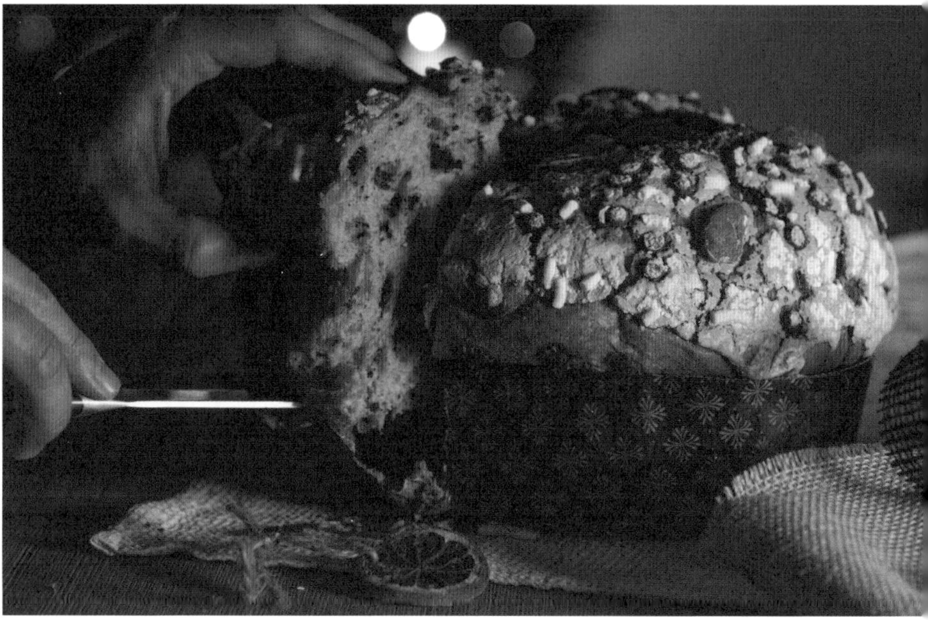

聖誕節大麵包 Panetton 即意大利水果麵包，因為起源在米蘭，又稱為米蘭大麵包。(iStock photo)

聖誕水果麵包的特色是口感介乎麵包和蛋糕之間，濕潤綿密，塗上奶油香氣馥郁又蓬鬆柔軟。(iStock photo)

是奶油或蜜餞。歷史以意大利黃金麵包較遙遠，源自茱麗葉的故鄉維羅納（Verona），據說，其前身是早於公元一世紀，做給威尼斯王國權貴吃的、有特殊地位的黃金麵包。在一八九四年，維羅納Melegatti糕點製造商還為這款八角星形椎體狀的甜品特別申請了專利。

至於意大利聖誕蛋糕，最早原產地是在意大利的米蘭，意大利人認為這款蛋糕最完美的重量是介乎七百五十克至一千克之間。坊間有各大小不同的品種，水準良莠不齊，尤其一些量化生產食品廠做得頗難吃，最好還是看生產商，選老字號，或一些有信譽的小工坊，它們用真材實料，品質更可靠。吃意大利聖誕蛋糕時最好配甜熱飲或葡萄酒，如氣泡酒（Spumante）和莫斯卡托酒（Moscato）。我覺得伴奶油、蛋和甜酒（Amaretto）做的馬斯卡彭奶油（Crema di Mascarpone）口感也很美味，我的意大利好友知我愛吃意大利聖誕蛋糕，特教我做這款奶油，難忘的是搞到我廚房遍布奶油！

傳統英國聖誕甜點不是Panettone，而是結實的聖誕布甸，吃時淋上大匙白蘭地，關燈點火，配奶油一起吃。

西西里的傳統甜品奶油甜餡煎餅卷。（iStock photo）

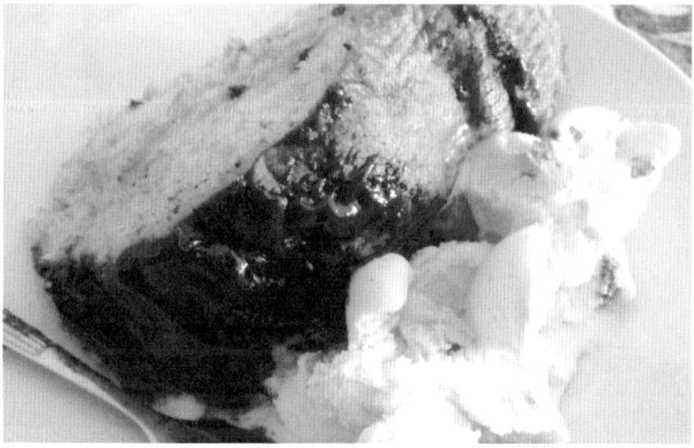

Panettone 除了伴奶油，還可伴雪糕，烤熱的包配雪糕，像冰火相容。

在中國過中秋，可見一些店擺出黃金鑄造的月餅，滿足一些土豪送浮誇大禮的心態，原來意大利聖誕蛋糕一樣有富貴版，據聞，年前便有位專接單做富貴蛋糕的意大利糕點師 Dario Hartvig，接到位俄羅斯富豪落「柯打」做了個富貴版意大利聖誕蛋糕，整個蛋糕用金箔包裝，下邊圍着一條鑽石帶，收費八萬歐元，他還說成本太高手工太複雜，所以賺不到錢。不過後來連接的兩單就非同小可，分別做兩個五千克巨型意大利聖誕蛋糕，一個是俄國大款所預訂，有傳是送給俄老大哥大，另一個疑是印度富豪送給他的姪女作婚禮賀禮，這兩個黃金鑽石麵包都要加碼，每個收五十萬歐元，大概是史上最貴的「聖誕蛋糕」。

·

一般人對意人利甜品似乎仍停留在提拉米蘇（Tiramisu），通常市面上吃到的提拉米蘇已是改革版，就像蛋糕店所賣的版本，與意大利正統提拉米蘇有頗大差別，傳統多做在大盒或小杯內，而較少

蛋糕型的 Turamisu，造型較罕見。(iStock photo)

做成蛋糕形狀，正宗一定要用馬斯卡彭芝士，更不會用預拌粉，會用濃縮咖啡混合馬沙拉酒，浸透杏仁蛋糕與手指餅乾，夾層濕潤軟綿，濃郁奶香酒香混成一體。而街貨因運輸、保存、成本等等問題，材料難免將就，若加魚膠粉固定形狀，口感、味道自然差一大截。我初嚐傳統的提拉米蘇並不在意大利，而是三十多年前在三藩市的小意大利區一間小館，一吃驚為天人，顛覆我對這道甜品的感覺，為了回味這甜品，一連多晚特意前往光顧，此後我對所有A貨都不以為意。

其實，意大利的甜品多不勝數，值得一書再書，但你千萬不要在意大利人面前講法國甜品，他們都是頑固的本土派，互相睥睨。意式甜品分南北兩大派，南方較甜也較多姿多彩，像西西里經典的傳統甜品奶油甜餡煎餅卷（Cannoli）便被電影《教父》炒紅，兩幕殺人戲都提及奶油甜餡煎餅卷，其一是教父家姐康妮用有毒的奶油甜餡煎餅卷，讓極有防範之心的黑手黨大佬失去戒心而被殺。另一幕是殺

Panettone 的水份少，口感較乾，很耐放，十分適合送禮，烤好麵包，綁上紅緞帶，很有節日氣氛。

手把叛徒幹掉後，扔下名句：「Leave the gun,take the cannoli.」這畫面跟台詞，成了「教父」其中經典的一幕。

意大利甜品大致可分為三大類，一類是由餐廳廚師出品的甜品，稱為「Dolce」，味道和款式視乎廚師手藝，名糕點師自然有其獨門秘笈，被視為招牌。像意大利名甜品大廚 Fabrizio Fiorani ，以製作各類型創新甜品聞名，曾創作顛覆傳統的提拉米蘇，經常用創意手法呈獻出色甜品，為他贏得國際聲譽。第二類是專業甜品店製造的甜品，不過一般都屬「大路貨」，沒有甚麼特色。第三類是家常甜品，通常由家裡的國寶級阿媽親自製作，即使其貌不揚但也一定好吃到人人盛讚，通常會被公認為最好吃的甜品。

遠在古羅馬時期，羅馬人便懂得用麵粉混合果乾做出甜麵包當點心，後來發現蜂蜜原來很好吃，便將蜂蜜淋上果乾麵包，做成更高級的甜食。甜品在古

聖誕麵包的種類很多，節日未到已堆滿貨架，令人花多眼亂，包裝極精美，往往很快便被搶購一空。

黃金麵包是另一種聖誕麵包，錐台形中間星形截面，此麵包需漫長的製作過程。

一個傳統的 Panettone 至少費時二十四小時，也正因為材料及工序上的講究要求，賞味期限可長達三個月至半年之久。

懷念故友 Robert，知我所好，每年聖誕都親自送來聖誕大麵包，及當地私房名廚 Donna 做的水果蛋糕。

Panettone 基本上是水果麵包，有不同水果及有不同漬法，有些甚至用不同的酒漬。

時只供皇室貴族及有錢人家享用，一般老百姓，要等到特殊節慶才有機會吃，直到十五世紀才逐漸普及，成為人人都能負擔得起的基本食物。後因麵粉普及，意大利聖誕蛋糕在文藝復興期間才逐漸成為熱門甜品，是慶典中的常備。在眾多意式甜品中，在國際跑出的便是意大利聖誕蛋糕，現已成為全意大利過聖誕的國民甜品，為保護這項非物質文化遺產，二〇〇五年意大利政府將意大利聖誕蛋糕列為意大利傳統甜品，規定其中該有的成分與比例。據報導，現單在意大利，每年就要吃掉一億個意大利聖誕蛋糕和意大利黃金麵包，而外銷世界各地的每年高達五億歐元，目前仍在大幅增長中，可見其受歡迎程度，不知我們的月餅銷量是否也同樣成績驕人？

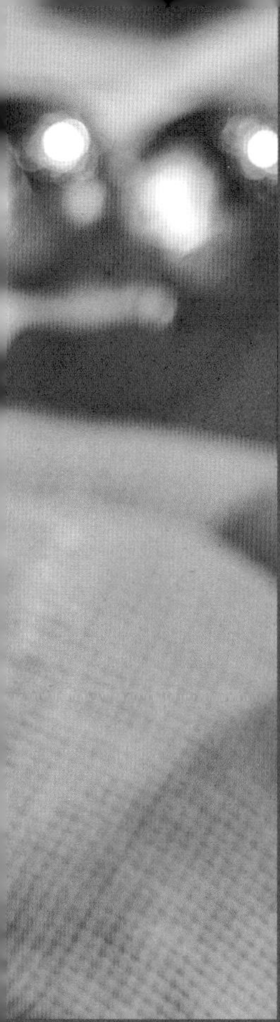

後記

我一直喜歡吃意大利聖誕蛋糕，不光只在聖誕前吃，有時儲起可連續食幾個月，不分晝夜興之所至便開餐。不只因為美味，還因每次吃時會思念起朋友，對我來說是有 sentimental value，我的一位好朋友 Robert 每年聖誕前都會帶着禮物特意來香港探我，其中必有特製的意大利聖誕蛋糕，因這是我們的同好，還有當地出名的私房蛋糕，他次次來港我們都到處吃翻天，他原是我的客戶，後更成為摯友，我們有很多共同興趣和話題，雖然我是他的私人顧問，但談公事的時間反而很少。每年當我吃着意大利聖誕蛋糕，腦海裡都自然飄過很多昔日歡笑，確別有一番滋味在心頭！

——私房做火箭菜風乾火腿薄餅，餅要夠薄才好吃，但要用幾百度高溫去烤，家用烤箱那有這樣溫度。

交錯觥籌酣宴處

每年，當年曆快揭到盡頭時，就是我「暴飲暴食期」的高潮，別人講秋收冬藏，我則把美食全收藏在我胃腩內，毫無保留。這「暴食期」大概由入秋後，穿越冬天直至回春才鳴金收兵，我有自知之明，已盡己所能去克制食慾，奈何每屆年底，從四方八面回流及訪港的親朋戚友頗多，飯局排滿，「日食夜食」確令人吃不消，所以有時飯局改吃雲吞麵，簡餐一道，早午餐合成為 Brunch，我甚至不介意來個細緻的 All day breakfast 配上杯意式咖啡，聚會的重頭戲是敘舊言歡，比那頓飯更有意思。

——歐洲到處都有當地特別的海鮮焗飯，如近漁港自然近水樓台更新鮮。

無可否認，年底有接連而來的節日，難免將各色美食和聚會交集，成為一種興致和氣氛，假若某天你孤單落寞，找不到伴和你過節時，便知節日的意義了。所以我喜歡在節日期間大開食戒，由感恩節、聖誕節、新年到冬至、年夜飯到各色春茗等等，都成為節日聚會的最佳藉口，盡情地吃吃吃，到過年後做體檢，便知是時候去辟穀斷食，為身體健康自我檢討。

我較喜歡西方的節日氣氛，自少多各地朋友，也在各地生活過，我的適應性強，容易融入各地的生活圈，我的飲食習慣從來是多元化，不管中菜、西餐、日菜、東南亞菜都可吃一餐。如果說聖誕，主調當然是西餐。在外國這期間是代表團聚，很多家庭成員各散東西，終年要到這刻才可以與親友團聚，自然大家都重視這日子，尤其在美加等地，他們會大肆裝飾家居，陳設節日裝飾物，聖誕樹燈飾等添加氣氛，買禮物便成為重要事項，而節日餐自然少不了火雞。很多人對火雞有頗大誤解，尤其是

聖誕新年的聚會，很多尾食甜點都會選聖誕麵包，有如中國人過年食年糕蘿蔔糕。

節日的餐桌很重要，觥籌交錯就是氣氛與環境的結合。(iStock photo)

東方人，他們普遍認為火雞是最不好食的雞，粗糙無味。我倒不以為然，問題是你有沒有吃過好的火雞和對火雞有多少認識。首先，火雞並非我們的走地鮮雞，可即劏即食，在外國幾乎全部食物都是要經屠房劏好冷藏。火雞是要有點技術去醃製和燒烤，所有食材其實都很重要，最重要是釀在火雞內的配料餡料是否好材料。

西餐的精華不只是那件食物，還有其醬汁、釀料的調製，如香草配料是否新鮮。還有器皿、用具是否適當美觀，更重要是環境氣氛及配酒、飲品等，是一項整體的生活藝術。當節日的氣氛籠罩，一桌恰當的食物配合精緻的餐具，當端上大盤載着的大火雞時，自然有種興奮感，會份外覺得好味。

歐美兩地過聖誕新年雖大同小異，但始終各地的民情風俗差異，各有不同特色。美國人較着重其大屋家居的節日裝飾，大餐以火雞為重；華人過年喜吃一味「橫財就手」，取其意頭好；原來意大利亦一樣，會吃小扁豆，象徵金銀滿屋，還會將豬蹄去骨肉，釀入火腿及香料，像條「大香腸」般切片與小扁豆燜煮，這道菜手工頗繁複，我在意大利曾吃過這道家常手工菜，和工廠生產的相比，感覺就像買包即食意大利粉和自製麵條的分別，味道完全是兩回事。

意大利人過節時還喜歡食麵包，此包名意大利聖誕蛋糕（Panettone），家家戶戶都買此過節。這並非普通麵包，而是用鮮奶油、糖漬、果乾等混成，有加朱古力，各類果醬甚至加冧酒或其他意大利酒做成。這麵包是我至愛，每年都買二、三十個分送友好，有年我錯手買了批酒釀的，且是很濃的酒，結果有位小妹妹吃了一片便醉倒，酒精倒不輕，但味道極好。有人喜當麵包食，我則主張切片烘熱再淋上特別的傳統意大利 Cream 伴之味道極佳，我有位意大利親人特教我調製這奶油，是要放一種意大利酒，味道特佳，完全提升意大利聖誕蛋糕的美味，外間賣的包水準參差，不同的麵粉、不同的烘焙方

青豆湯

西班牙喜歡白凍湯，其實青豆綠湯也不錯的。

意式烤菜是我至愛，各款新鮮時蔬絕不能缺了優質的初榨橄欖油及 Parmigiano-Reggiano 乾酪芝士王，這些才是靈魂。

式絕對有天淵之別，好的撕開像絲棉質，口感鬆軟帶少許煙韌軟糯，散發酒漬葡萄乾的果香，微焦的麵包皮加上奶油的芳香，是一道吃極不厭的節日美點。

在外吃西餐一般分前菜、頭盤、主菜、甜點等，意大利餐的編排則有點不一樣，我見很多人吃意菜多將意粉或薄餅作主菜，這是大錯特錯，意粉其實是頭盤或前菜，他們進餐一般分五道，分別是 Antipasto，即開胃菜或稱前菜；Primi piatti，即頭盤，是吃意粉、意大利飯之類；Secondi piatti，即主菜，一般是肉類，如豬、牛、家禽等一大盤；Contorni，即配菜，最後是 Dolci，即甜點，別小看甜點，意大利人好甜，甜點是他們的重頭戲。

意大利的美食絕不能缺番茄、羅勒和芝士，這是意大利菜的靈魂，你會見其蹤影處處，擔當重要的角色。意大利的芝士種類繁多，但你要認識幾個重要

煙三文魚是各派對及大食會深受歡迎的食品，可陪襯烘得脆口的法國多士。
(Photo/Chan Wai Hong)

的，如最著名的帕瑪森芝士，那是意大利國寶，是可陳年的極品，很多意式美食缺了它就已經不值得吃。這芝士難得很適合配紅酒和橄欖油，混起會產生另一種味道和口感，很是神奇。另外如莫札瑞拉，是種軟芝士，配番茄、羅勒再加點帕瑪森，味道很複雜但口感一流。還有一種叫古岡左拉的半軟硬藍芝士，味道濃郁，很多吃不下的人認為它臭，要不就愛得要死說很香，這令我想起榴槤。

意大利飯也是一種很極端的美食，因此飯不同彼飯，意大利人吃飯如吃意粉，都要求略硬，粉的標準是白針芯，飯要煮至七、八成熟，飯芯要帶點硬，有些更要求半熟，這叫 Al Dente，即剛剛好、最美味的狀態。他們的燉飯猶如我們的「有味飯」，可放各色不同食材煮出不同的味道，煮這飯很花時間、工夫，要有耐性，要不停加高湯、白酒，要不斷地炒不然就會黏底，如果不停地炒半小時，相信已累得要死了！

意大利燉飯（Risotto）發源於盛產稻米的意大利北部，是米蘭的地方菜餚，如今已成為世界知名的意大利美食。

帕馬森乾酪（Parmigiano Reggiano）是種硬質芝士，很多喜好乾酪者稱該芝士為乾酪之王。

美食不能少了鵝肝，法國人最喜歡。（iStock photo）

法國人喜吃鵝肝、田螺、香料烤雞，法國雞多用走地的土雞，鮮嫩甜美，一般醃製得很好，配以天然香料、蔬菜慢烤，絕對是水準極高的美食。至於德國的美食一般是乏善可陳，只是各種腸類和鹹豬手之類，與法、意、西班牙相差很遠，他們特別喜歡薑餅，德式薑餅（Lebkuchen）很有名，主要原料是蜂蜜、香料、核桃、杏仁及一些糖漬、果乾等，以紐倫堡所產的最為出名，一九九六年歐盟更將之列入歐盟原產地名稱保護制度（Protected Designation of Origin），只有在紐倫堡所製造的薑餅才有資格冠名銷售，可見其重要性。

至於甜點，意、法都是專家了，他們的甜點千變萬化，令人吃不停口。法國的節日甜點有樹幹蛋糕（Buche de Noel），所謂樹幹是指外表鋪滿奶油、有樹紋的圓柱形蛋糕卷。意式甜點好吃的尚多，聖誕有一道聖誕布甸，這布甸是用糖漬水果及酒壓製而成，可硬如石頭，最初我試吃一口但已吃不下去，太甜太硬，不經不覺地吃了這麼多年，也慢慢適應了，現在每年在節日，如果不在這硬布甸上點把火，好像總有點欠缺。

一 德國人特別喜歡食薑餅。（iStock photo）

後記

我以往喜歡在節日，悉心做頓菜招呼合適的朋友，尤其是在聖誕、新年期間，對我來說這有特別的意義，這是樂趣，是分享是感恩也是回饋。試過做不同的日本菜、法國鄉村菜，但一般以意大利菜為主。我只是「半桶水」，要做好頓菜對我這業餘客串的「茄喱啡」來說是頗費時間精神，有時光找食材也可花上一兩天，如果要「揾食」，必會餓死都未開餐。從前呼朋喚友太多，後來變了有些人不請自來，不慣不速之客，所以後來也暫停了。我希望能保持這傳統，有天能再與好友分享節日的歡愉，當然我也希望美食能繼續得到認同和讚賞，好吃的美食仍有很多在等着被人分享。

有段時間我都樂於班門弄斧客串，在私房露一手，分享舌尖樂趣。

法國樹幹蛋糕

鋪滿奶油的樹幹蛋糕。（iStock photo）

3

百般滋味在心頭

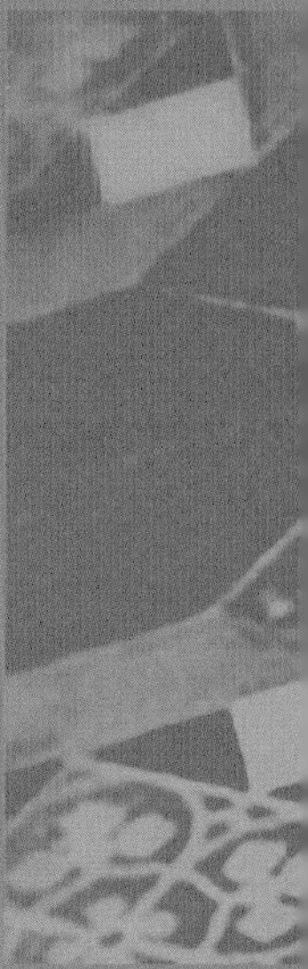

吉野山櫻花

一目千本吉野櫻

日語「花見」(はなみ),意思是賞花,若無特別說明,一般指觀賞櫻花,如單獨使用「花」字,便指象徵日本的櫻花。每年一到三四月,就自然會想起櫻花,我對她有特別的情意結,可能因為在年輕時,對賞櫻留下不少回憶,有十多年時間,曾每年一到櫻花季節便自自然然地去朝聖。我喜歡那種氣氛感覺,與老朋友暢聚於花間樹下,喝酒談天,在河邊、山上、山下或路旁,都留下不少足印。很多時,自己一個人都可以在大街小巷穿梭,欣賞花起花落,尤其是漫天飛舞落櫻時,是特別令人動容的。

吉野山（よしのやま）位於奈良縣中部，約三萬株的城山櫻在此盛放，自古以來是日本屈指可數的賞櫻勝地。（iStock photo）

一般日本的櫻花是由南到北盛開，最早三月中在九州綻放，然後一路上移，至五月到北海道的青森，函館至札幌最晚。由於氣候變化莫測，很多時有早有遲，最好是留意日本氣象廳，會較準確預測櫻花盛開的日子。有時情報很快很準，某時某日某處開了幾朵櫻花，都吸引到大量追櫻者前往觀賞，櫻花

京都鴨川沿岸種植許多櫻花，每到春季便擠滿賞櫻人潮。鴨川遠方山影清澈河水、點綴了櫻花粉紅。（Photo／張家振）

大阪賞櫻最佳景點是大阪城及其周邊，公園成一片粉紅色櫻海，多彩繽紛可大飽眼福。(Photo/Eddie So)

日本國內櫻花品種多達六百多種，氣象局公佈的櫻花前線只以「染井吉野櫻」為指標。

期一般很短，不好好把握就錯過，要明年再會。不過凡事必有例外，個別地方還是有較長的賞櫻期，例如在奈良縣的吉野山，五月仍有機會見到櫻花。

如果你要選一個地方觀櫻花，那我不會叫你去東京或京都，試想甚麼清水寺、神宮等都擠滿了來自各地的遊客，觀賞興致都會大打折扣。我反而提議你考慮去吉野山，最好能夠預留兩三天，住晚老旅館泡個溫泉，最重要是好好地擁抱大自然，嗅嗅花香，洗滌你的心靈。我最早往吉野山已經是N年前，首次帶我上山的竟然不是日本人，那是一位住在京都的美國朋友Bob，他是位編輯兼作家，也是我的同事兼好朋友，我常到京都探訪他。當初我的幾位外國朋友都住在京都，我們一夥人曾在韓國、日本共事，故特別談得來，也經常聚會聊天。那天他說要帶我去賞櫻，我們幾人自駕遊由京都直往吉野山，路程其實不短，加上當日天氣不好，山長水

櫻花盛放期間日本到處可見慶典，很多人聯群在樹下賞櫻飲酒野餐，很有節日氣氛。(Photo/Eddie So)

溫哥華根本是個大花園，我住溫時最開心是見到櫻花處處開，滿城花香令人回味。(Photo/Victor Ho)

遠只在中段的觀景站繞上一圈便回程，最深刻的反而不是櫻花，而是在低壓冷雨紛飛下的那種感覺，特別淒美還帶一些傷感，對我這遊子是別有滋味在心頭。

幾年後，我重臨吉野山便感覺不一樣，那是一卷秀麗的圖畫，站在吉水神社前的「一目千本」賞櫻，景色絢麗，難怪早在十六世紀，當時權傾一時的霸主豐臣秀吉，親領着數千家臣遠赴吉野山，就在這處舉行他的花見大會，可以想像在幾百年前，沒有現代交通設施，這麼龐大的一團人，勞師動眾，翻山越嶺就是為了一場櫻花盛宴，閉目想想這是個何等盛大的場面，吉水神社就此確定她的歷史地位，而吉野山亦被譽為「日本第一賞櫻名所」，位置無可替代。

吉野山的櫻花非同小可，比任何一處都壯觀，由七世紀開始已不停地種植，至今共有三萬多株櫻花，兩百多個品種，連綿八公里，由於佔地遼闊，主要山區從下而上被劃成下千本、中千本、上千本和奧千本四大段。如果由大阪出發乘搭專線在吉野站下車，不遠便是山腳，亦即是下千本範圍，可坐巴士或最古老的纜車登山。

吉野山之引人入勝除了秀麗的景色外，還有豐厚的歷史價值，屬於世界文化遺產紀伊山地的聖地與參拜道的一部分入選，最著名是金峯山寺和吉水神社。金峯山寺內的藏王堂藏着日本最大的密佛佛像，相傳由苦行僧使用櫻木雕成，此後櫻木被奉為神木，不能使用其枯木生火，人們更大量種植櫻樹苗，逐漸形成今日漫山遍野的櫻花，場面壯觀。吉水神社曾經是金峯山寺的僧寺，但歷代藩王都曾避難於此，醍醐天皇更曾在此開創了南朝，所以也算是行宮，留下很多歷史文物。記得藏館內有多位歷代天皇的人像，其中幾位還是女皇，看人物的服飾造型，可見到時代的變遷，很有趣。

吉野山的老店、老旅館有很多，其中有一家有三百年歷史的旅館佐古家，另有兩間很有名的是芳雲館和竹林院群芳園。芳雲館於一七五四年創業，從客房和露天溫泉都可觀賞櫻花。而竹林院群芳園歷史更遠至西元六百年左右，前身由聖德太子創建，其中的庭園瀰漫着古代氣息，是奈良三大庭園之一。

吉水神社

吉水神社位於吉野山半山腰，而且是歷史上好幾個時代的天皇與武將都曾造訪過的歷史性神社。(Shutterstock photo)

去吉野山最好能住上一兩晚，才夠時間盡情遊覽風光，喜歡行山的可到頂部的奧千本，基本上像個森林，古木參天，另有一番景色。看吉野山的宣傳句：「世界遺產——吉野山，期盼千年之心帶到千年之後」，在這樣的大自然環境下賞櫻，確使人有點無常、無我。近年我老想着重遊吉野山，下次必定要再細心觀賞，最好能把酒言歡又再醉櫻！

吉野山到處都有行山道，可隨意觀賞。(iStock photo)

美國喬治亞州梅肯小鎮種植了三十多萬株的染井吉野櫻，是全國著名的賞櫻地。好友張家振住近梅肯的亞特蘭大市，也遍植櫻花樹，家前已拍到美照，羡慕死我！（Photo/張家振）

後記

近年到日本的賞櫻潮創新低，受疫情影響，昔日排山倒海湧往日本觀賞櫻花的遊客已近乎絕跡，即使在當地，亦相繼避免聚集賞花及取消相關活動，造成經濟上極大損失，各著名賞櫻勝地人煙稀少。可惜我不在日本，否則正好藉此機會遍遊各大賞櫻景點，難得遊人稀疏可盡情瀏覽，既然去不到賞櫻，現只能紙上談兵聊勝於無，由「賞櫻」變成「想櫻」。

花見賞櫻雖然以日本最著名，但其實世界很多地方都有，像美國就有兩個著名的賞櫻地方，北方華盛頓南方梅肯（Macon），每年都會舉辦國際櫻花節，各地櫻花同樣令人沉醉。

我最初重寫這篇文，擔心找不到櫻花插圖，結果一揚聲，四海朋友已紛紛送上當地的櫻花照供我用，感謝每位的熱情。有櫻花有朋友的地方，不但份外美麗，花見之餘還見友情，原來畫面更動人！

溫哥華有櫻花樹超過四萬棵，共三十多種櫻花，很多是吉野櫻，每年春天全城陷入粉紅白色的花海。（Photo/Irene Wan）

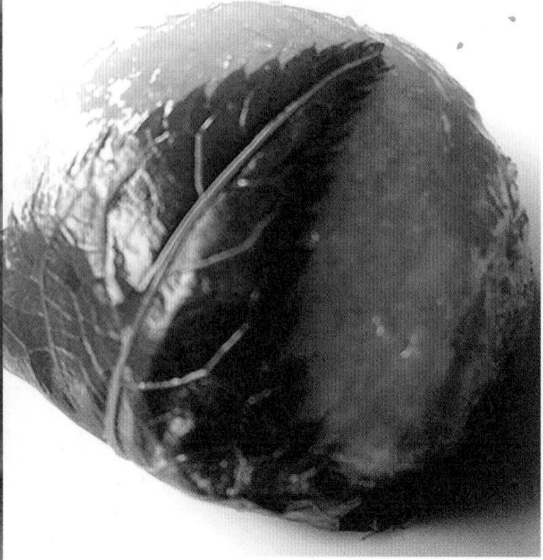

京都有超過六百間和菓子店，重視四季變化，一到春天，和菓子店已迫不及待推出傳統的櫻餅應節。

本地餅店也應節推出各種櫻花糕點，櫻花草莓撻亦是其中一種趁熱鬧的產品。

櫻花草莓撻

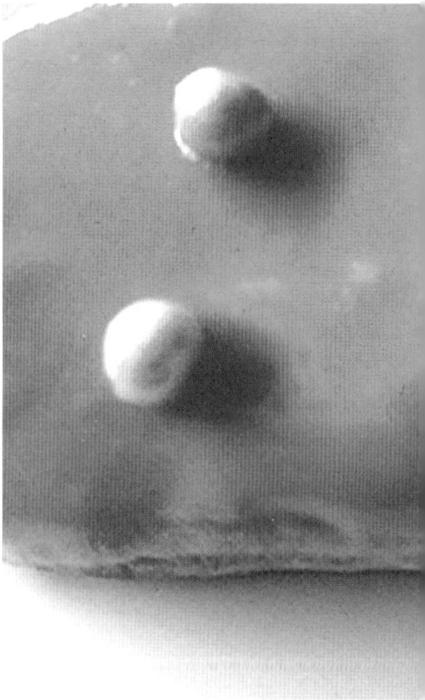

應節的西式美點趁機推出櫻花味閃電泡芙，裡面是不甜不膩的卡士達醬，泡芙淡淡的櫻花香氣滿載口腔。

花見糰子

櫻花季節，常見到「花見糰子」，以粉紅、白、綠三味三色糰子串成一串，是日本古早小吃，一口一顆。

櫻花麵

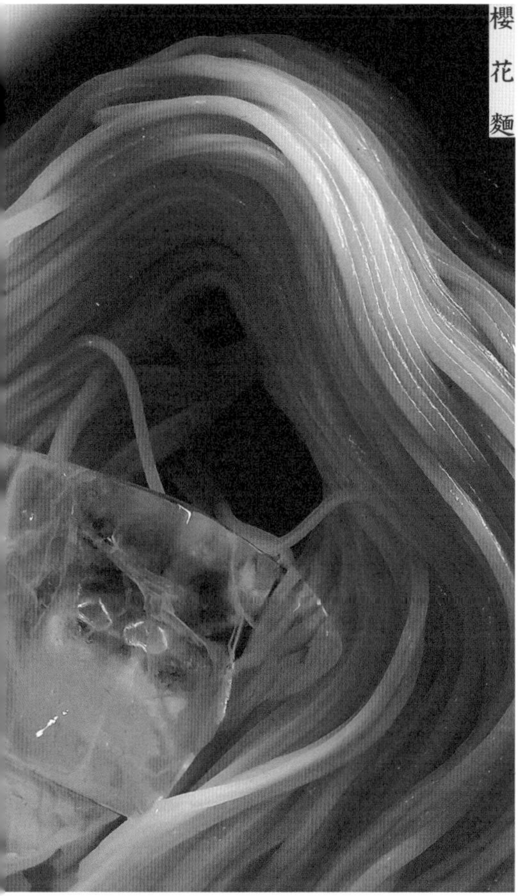

我想拍櫻花麵，難得 Bonnie 替我安排名店的日本大廚特別替我做，那天最好吃竟然不是刺身，而是冷麵。

櫻花冷麵配鰹魚熬製的冷麵汁，清淡的櫻花香味與鮮甜湯汁融為一體，麵條爽滑彈牙，味道清新怡人。

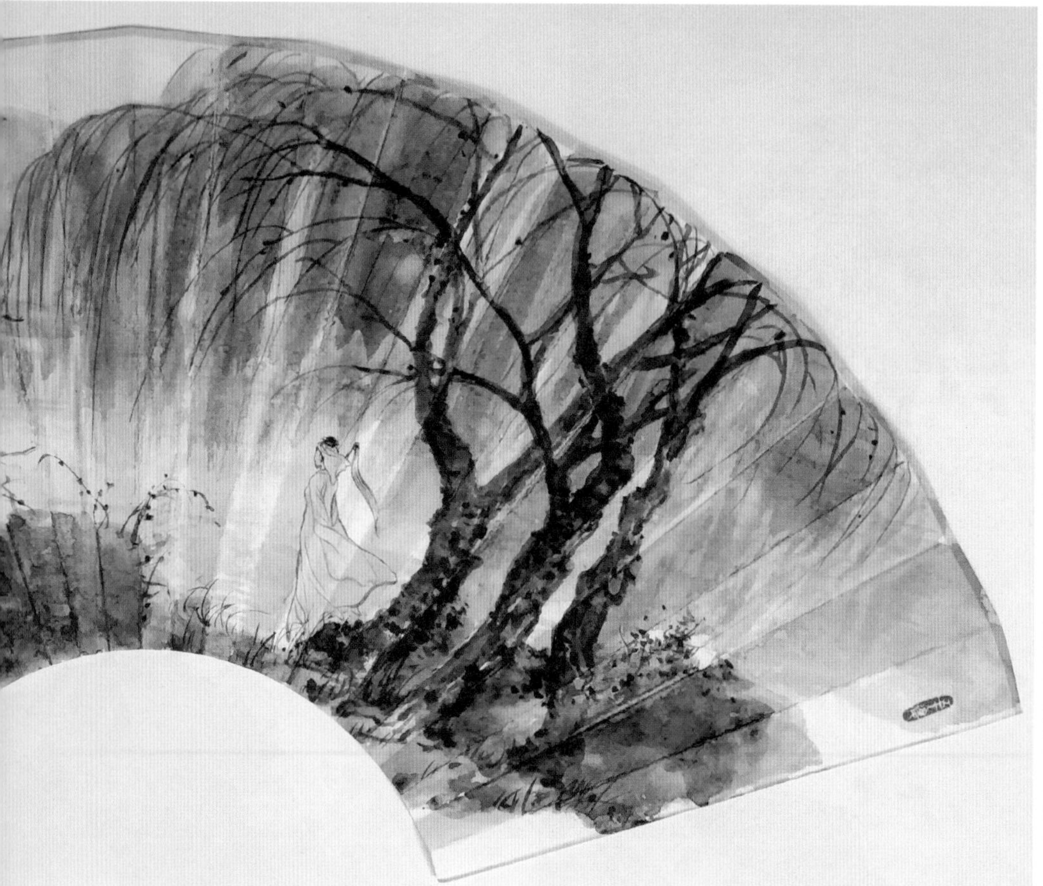

問世間，情是何物

在金庸小說《神鵰俠侶》中，大魔女「赤練仙子」李莫愁心若蛇蝎、心狠手辣，但偏偏一生被情所困，所作所為，都可說是用情太深被情誤。她有首「主題曲」：「問世間，情是何物，直教生死相許」。原詞出自金代著名文學家元好問的《雁丘詞》，說的就是雁的深情。

「問世間，情是何物，直教生死相許。天南地北雙飛客，老翅幾回寒暑。歡樂趣，離別苦，就中更有癡兒女。君應有語，渺萬里層雲，千山暮雪，隻影向誰去？」

金庸武俠名著《神鵰俠侶》中，魔女李莫愁一生為情所困，名句「情是何物」廣流傳。（畫／李志清）

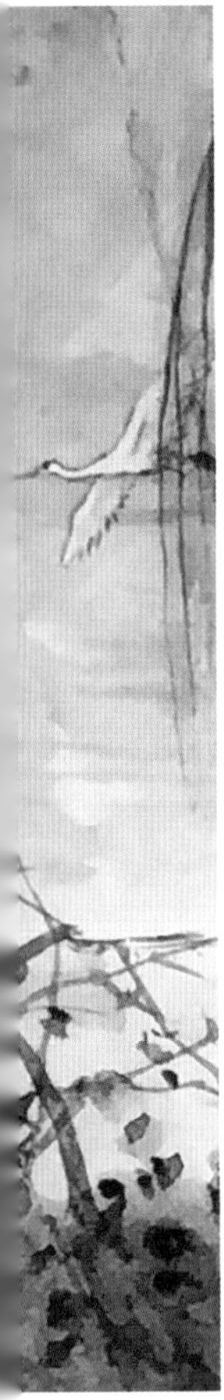

據說雁特別有靈性，雁的情不像鶯兒、燕子那麼短暫，鶴可孤獨三年，鵲不過孤獨一周，而雁卻寧孤獨一世，這是深情？癡情？還是殉情？負情漢可能窮一生都理解不到，可見情之為物，原來是人生中最深奧、最難明白的心事。古時烽火戲諸侯，都不過為博紅顏一笑，古往今來，多少人被情所困，有人轟烈殉情，有人幹出很多轟天動地的事，原來說到底，都是情作怪，一切均因情而起，因情而終。

情人節期間，滿是「情情塔塔」的愛情電影，唯恐你不知情是何物，可惜大部分都是濫情，是包着糖衣的虛情，你莫以為自己好真情，當某一天，你遇上真正的愛情，直插入你靈魂深處，水乳交融，電光火石之間，你像突然開竅、恍然大悟，終於見到了愛情的真面目，可能，這就是一種境界。

有這麼多的情愛電影，不知你有沒有看過一部片叫 Frida，是一部描述墨西哥女畫家 Frida Kahlo（一九〇七—一九五四）的傳記片。一位不斷以個

Frida 畫很多自畫像，自己亦被人作題材畫不少，連街上塗鴉都見。

人的力量去挑戰現實世界的藝術家。此片曾獲奧斯卡最佳化妝獎和最佳原創音樂獎，以及最佳女主角提名。如果說 Frida Kahlo 是藝壇第一奇女子，相信「雖不中亦不遠」。她的樣貌奇特非凡，令人一見難忘，一雙大眼睛透着靈氣，一頭濃密黑髮，兩道粗眉如飛鳥相連，毛髮茂盛還長有鬍子，簡直猶如雌雄同體，可惜老天同時送給她一樣「沉重的禮物」——殘疾。

她的一生都可說是在極度痛苦和哀傷中渡過，六歲時，被確診為小兒痲痺，右腿短一截，行路一跛一跛。雖然身體有缺陷，卻天資聰敏加上好學，很有繪畫天賦。十八歲那年，因嚴重車禍，一根金屬扶手穿破她的腹部，直穿透她的子宮。這事故令她喪失了生育能力，她仍以黑色幽默去形容這事故「讓我失去了童貞」。她一生做了三十多次手術，後遺症一直折磨她。試過整整一年躺在床上不能動，身體支離破碎，但卻激發她靈魂深處的潛能，意外令她寄情繪畫，並成為她的作畫題材，大部分為自畫

Frida 是墨西哥超現實主義畫家芙烈達．卡蘿的傳記電影，曾獲得奧斯卡最佳化妝獎和最佳原創音樂獎，以及最佳女主角提名。

Frida 的電影、傳記片及記錄片都拍過多部，當然還有她的自傳，但都及不上她自畫像那麼多姿多彩。

像。在病癒過程中她畫了一張自畫像，以繪畫記錄自己的生活與情感，當生命悲暗到極點時，她從自己的藝術創作中找到了安慰。她一生創作了超過一百幅作品，其中逾一半都是自畫像，連畢加索看到她的作品都直言：我都畫不出像她這麼好的自畫像。

她丈夫 Diego Rivera 是墨西哥的權威壁畫家，兩人相差二十一歲，但愛得激情又哀怨纏綿。他們的愛情可算靈慾交加，兩人個性投契，丈夫除經常指導她作畫，又悉心照料。面對種種不幸，Frida 曾多次試圖自殺，然而這份愛，使她能堅強的活下去。她與丈夫的情愛關係是其創作的泉源，他們擁抱着共同的藝術和政治理想，雖她在不忠邊緣徘徊，但最後也能廝守終生，愛得離經叛道，亦愛得令人感動。Frida 的一生充滿悲情，但同樣充滿生命力，對她來說生命就是一團愛恨濃烈的火，她個性剛烈，即使在生命低谷仍創作不輟。

Frida自畫與丈夫Diego Rivera在一九三一年的兩人像，除了自畫像，她也畫很多與丈夫一起的畫，二人愛恨交加，纏綿一生。

從她的作品可看到她整個人生故事，大半生與死神不斷戰鬥，可看到她對丈夫的迷戀。我不知這算不算是個蕩氣回腸的愛情故事，但他們的作風和生活方式，即使用今天的眼光看都非常驚世駭俗，對當時社會造成極大震撼。從他們開放式的婚姻關係至她的雙性戀傾向，還有彼此間強烈的妒意，都是維持他們長久關係的因素。他們結了兩次婚，一起坐着人生中的過山車，是一段很畸形但又異常獨特的戀愛，他們由互相傾慕，變成深刻的藝術和性慾上的強烈吸引，彼此需要對方，即使無數次離離合合，面對這麼多的危機，還是要走在一起，這比分開更有力量，藝術家的思緒和他們的愛情世界，有時確令人迷失。

有評論家說：「她的人生，如同最美麗的花朵，開在最痛苦的枝幹上」，對她來說生命就是一團愛恨濃烈的火，臨終前，她寫下這句：「I hope the exit is joyful and I hope never to return.」

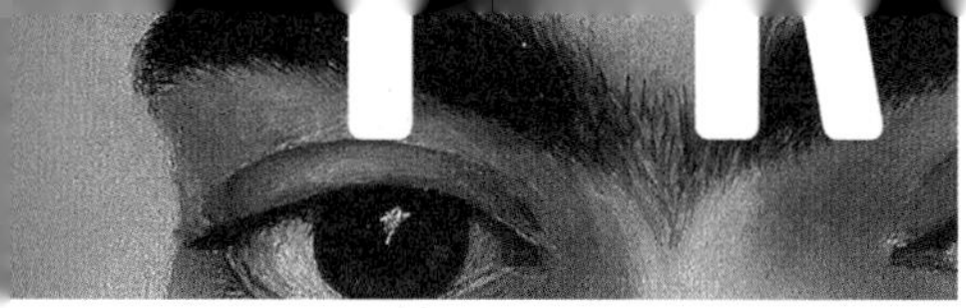

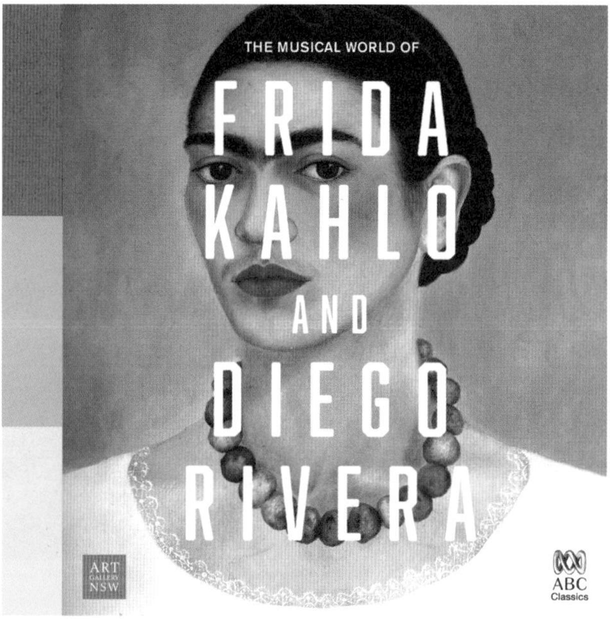

特別向 Frida 和他丈夫 Diego 致敬的一張唱片，其中一首很有意思的歌叫 There will never be another you。

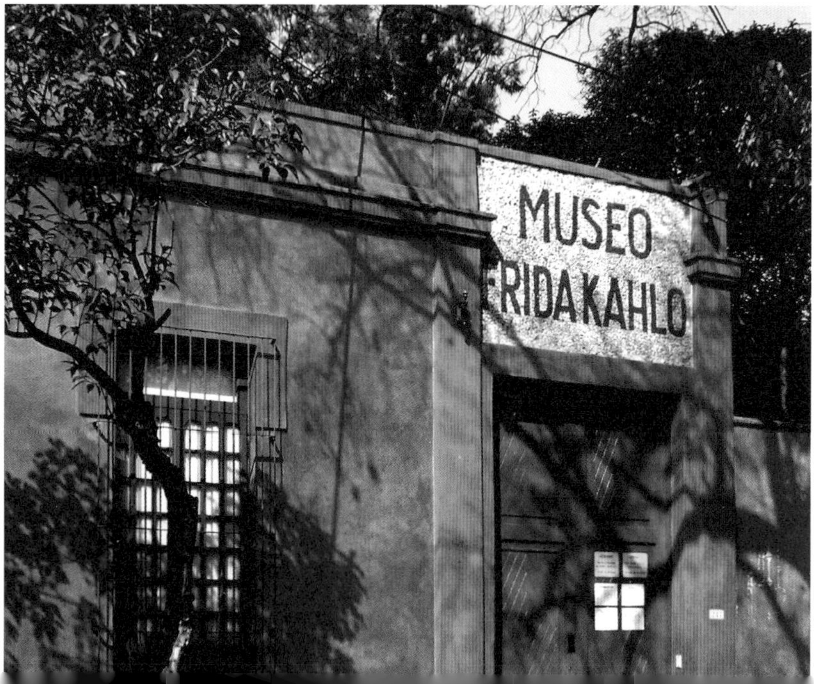

「藍色之家」(La Casa Azul) 是 Frida 的出生地，現已成為博物館 (Museo Frida Kahlo/La Casa Azul)，芙烈達一生都在這裡居住和創作。

花起花落　風繼續吹

愚人節自十九世紀已在西方民間流行，但卻未被任何國家定為法定節日。在這天，人們習慣開玩笑互相欺騙捉弄人，有時玩笑開得太大過了底線，易引來恐慌招惹反感，尤其在疫情下，世界被悲觀氣氛籠罩，愚人節已少了「惡搞」的心情。去年韓國藝人金在中在個人社交網絡平台，聲稱自己感染新冠肺炎在住院，之後說自己不過是在愚人節開玩笑，此事引起廣大民眾的憤怒而群起攻之，甚至到總統府的青瓦台網站上請願要求嚴懲他，證明有些玩笑是開不得。不過在十八年前的愚人節，發生一件事，當初聽到這消息，還以為誰在開玩笑，結果大

——千紙鶴有着美麗的傳說和文化底蘊，成為人們的感情寄託，日本歌迷年年為張國榮送上千紙鶴寄意。

家都悲慟地覺得，為何這不是個玩笑？

每年的三、四月，都會自然浮起對櫻花的思念，記得很久以前，曾年年賞櫻，差不多已成了每年這段時間的指定動作。櫻花開得快，亦凋謝得快，看不了多少天便煙消雲散，記得的就是那短暫而絢爛璀璨的畫面，花起花落，當見到漫天飄櫻，確是浪漫醉人動人心魄。哥哥張國榮就是在這期間離開，他曾表示希望能成為傳奇，如他所願，他的一生就像櫻花，一瞬間就從燦爛中消失了。

記得當日的特別新聞一出，直覺是誰人竟會在愚人節開這樣的玩笑，在那幾年不幸離開的香港巨星，一個接一個，像終結了整個年代，今天你再看看，還有沒有像羅文、張國榮、梅艷芳、黃家駒等這樣多彩多姿，又影響深遠的巨星？就史不要說像陳百強、張國榮那種氣質品貌的俊朗軒昂，你找出來看

昔日的利園酒店是張國榮最喜歡去飲下午茶的地方。

文華酒店不但是張國榮的最終站，也成為每年歌迷聯群去悼念憑弔之場地。（iStock photo）

每年從各地湧到文華酒店悼念哥哥的人潮不斷，今年因疫情已不能來了。

看，拜托！請不要再抬舉那些小鮮肉了。

哥哥選擇在文華東方酒店作其終章，可見他從一而終，他生前喜歡在文華出入，喜那處的雍雅高貴，特別多靚人出入，但其實在文華之前，他是鑾喜歡到利園酒店的。利園酒店位於港島銅鑼灣背後的利園山之一角，地點幽雅清靜，有點像東京的青山，和銅鑼灣崇光一帶之繁囂相比，是完全另一種氣氛。利園酒店建於七十年代，一九九四年改建成今天的商業大樓，當年的利園是高級大酒店，它與半島不同，帶着些港式大戶人家的口味。

我記得第一次與他喝茶是在利園的長廊咖啡室，我們都喜歡到那處，因靠近我的工作室，因利乘便不約而同大家約了在那處談些公事，之後更去了多次

聊天。那時他剛返港不久，簽了給寶麗多（後改名寶麗金），但一直浮浮沉沉，沒甚麼成績，我替他設計了第一張大碟，是張英文唱片，當時他仍未找到自己的風格和歌路。

他其實很健談，那期間返港剛加入娛樂圈，但仍忘不了在英國寄宿的日子，尤其是提起他那班兄弟（他喜歡叫他們兄弟），就眉飛色舞喋喋不休。他很喜歡利園酒店二樓的長廊，不吵鬧，不像一般的咖啡室，可以很悠閒的享受下午茶，他就是如此，由此至終對生活很有要求，即使在早年有些時間生活曾經緊絀，他仍倔強不喜求人，出身富裕家庭，卻不喜向家人求助，他很可愛和坦白，閒聊中不隱瞞有時會手緊，儘管如此，也從未降低對生活的要求。

他喜蒲咖啡店，更為此開了「為你鍾情」咖啡室，花了很大心血，請張叔平幫他設計，有段期間還經常在那處坐鎮打躉。咖啡室是他與皇后飯店的心血

— 一九八八年演唱會哥哥開先河，特別為工作人員訂造工作風衣。

世界頂級服裝設計大師 Jean Paul Gaultier 曾替張國榮的熱情演唱會設計了六套裙子，在當年已屬大膽創舉。

結晶，當年由各地前往朝聖的歌迷川流不息，曾帶起一陣熱潮。咖啡室位於利園旁邊，由於靠近我的工作室，所以經常在那處開餐，成了飯堂。偶爾我也會在該處碰上他，記得最後一次茶敘，是我約了位 DJ 朋友樂仕前往下午茶，他剛巧也在，結果和我們聊了整個下午，特別談了很多陳年往事，他是那麼有興致。樂仕曾辦《年青人周報》，在他出道時曾幫一把，他仍然歷歷在目，多謝幫忙，可見這

我有幸，在一九七八年替張國榮設計了首張英文唱片《Day Dreaming》。

人念舊和有情義。最後一次見他是在上海的瑞吉酒店，我在 Check in，他與一班朋友正在大堂，很熱情打招呼，轉眼便遠去了。

想起他，我也想起陳百強，兩人實在有太多共通點，他們都是在富裕環境長大，都官仔骨骨，着重儀表，姿整打扮，追求完美的生活，同是大家庭的幼子，張國榮有十兄姐，他排第十，所以小名十仔，他與父母緣薄，十三歲已被送往英國寄宿，形成頗獨立的性格，但他是孝順仔，對母親、對養大他的媽姐都關懷備至。陳百強 Danny 仔，在我們的小圈子都叫他做小妖，意思不言而喻。他們兩人的生活圈頗不同，找陳百強很易，不用工作時他喜歡蒲 Disco，在當年最 in 的蒲場 Disco Disco（簡稱 DD）必可發現他的蹤影，陳百強長期在 DD 打混，已是生招牌，而張國榮則喜喝下午茶、飲咖啡，是另一種的優雅生活，還有他喜歡打麻將，與他一班玩友耍樂吹水，自得其樂。

幾十年就這樣晃過了！在我的感覺中，張國榮依然是當年那名青澀親切的小夥子，我記得他有陣子常到我工作室，在我簡陋的工作枱旁，興致勃勃地暢談設計的事，他曾在英國里茲大學紡織系就讀，後因父親病重退學返港，從此改變了一生。我有時想，如果他沒有回港，仍是在英讀設計或時裝，他也一樣會大放異彩，我深信，有才華的人，始終有按不住的光芒。

——那雙鑲滿鮮紅珠片的高跟鞋是張國榮在《跨越九七演唱會》所穿的，當年衝擊了保守的樂壇，紅色高跟鞋已成為他的標記。

——從世界各地致送的花圈可見哥哥的歌影迷多長情。

—「涓滴之恩，當以湧泉相報」，但單車的作者可能是點滴在心頭。

還記得上一次的擁抱嗎？

你還記得上一次的擁抱是何時？如果你告訴我，原來從沒試過擁抱，我都不會感到意外，可能你的父母也沒有擁抱過你。有人說這不過是東方式的含蓄，但也可問，這算不算是冷漠？

「不要不要假設我知道
一切一切也都是為我而做
為何這麼偉大
如此感覺不到
不說一句的愛有多好？
只有一次記得實在接觸到

一 單車的倒影（Photo/ Spencer K Wang）

騎着單車的我倆
懷緊貼背的擁抱
難離難捨想抱緊些
茫茫人生好像荒野
如孩兒能伏於爸爸的肩膊
誰要下車……」

每年此刻，臨近父親節，都會聽到這首由陳奕迅唱紅的《單車》，可能很多人直覺這首歌是在讚頌父愛，很感人。對不起，這只是個美麗的誤會，據作詞人黃偉文剖白，這首歌絕不是歌頌父愛，反之，是投訴多點，他說自己力有不逮，被人斷章取義，曲解了歌詞原意。

他老父是位典型的傳統保守男，從不表態痛惜子女，更莫說有親暱一些的肢體接觸，摟摟親親從來欠奉，要直到一年級那年，父親帶他去海灘，二人坐上那輛電單車，才有人生的第一次擁抱，是唯一令兩人都不難為情的擁抱。黃偉文可能太需要那種擁抱，所以他對父親的吝嗇一直耿耿於懷，長大後成為作詞人，特寫了《單車》一曲去抒發感受，大概也算是一種控訴。很多人，尤其是東方人，總是對感情含蓄，不管是親情、愛情、友情，明明心中激盪卻總不坦白表達出來，偏偏愛在心裡口難開，總是要兜兜轉轉，迂迴曲折，轉來轉去都不能入正題，有些人一生都沒有一次熱情的擁抱，更別說買束花送上心意。

《單車》的詞寫得很好，真情流露，在現實中，有太多家庭都存在着這種父母子女間的隔膜。大家的溝通太少，生活上的矛盾太多，總像化解不了。人始終是人，不管是父母對子女或是子女對父母，永遠都嫌做得不夠好，永遠都混雜着各種各樣的摩擦、誤解和偏見，沒完沒了。我覺得父親節和母親節有所不同，母親節歌頌母愛偉大像天公地道，父親可以多點包容、多點反思，在這節日裡不如想想怎樣將這角色做得更好，男人大丈夫不需要計較兒女怎樣回報自己，不如多點付出，海量汪涵。

單車的倒影。(Photo/Spencer K Wang)

我看過很多講父愛的廣告，大多數只得煽情兩字，沒有太大意思，不過遇到幾個頗特別的。一個是年前在泰國拍的保險公司廣告，講一個失業父親為了女兒而死撐，天天穿着筆挺西服送她上課，轉頭就要四處找苦工幹活，回家又換了一臉高興的樣子與她玩耍做功課，希望她做個好學生。終於女兒在校作文得獎，文中說她爸爸是世上最好的：「但是他說謊，他說自己有錢、有工作，其實他說謊，全是為了我」。

另一個是日本 LED 燈品牌 Ocedel 的《Firefly Man》，在亞太廣告節拿了大獎，故事講日本一個家徒四壁的窮戶，連電費也沒能力付，窮得家中沒燈照明，爸爸離家五年後，搖身變成人形螢火蟲，回來照亮一家，可惜螢火蟲的壽命很短。廣告結局猶如最後字幕所寫的「父親你在天上發光，家裡讓 LED 照亮」。

講父愛的電影更多，我比較另類，喜歡特別的題

—《星光伴我心》描述不是父子的父子情。

材，挑了幾部認為挺有意思的推薦給大家，因這些都不是一般盲目講父愛的電影。其中讓我印象深刻的是《星光伴我心》（Cinema Paradiso），這電影我看過多次，每次都禁不住紅了眼，講在四十年代意大利小鎮的一間電影院，老放映師與一個小影迷的故事。兩人關係亦師亦友，但更像一對父子，放映師終令小影迷離家往外發展，更成為一位大導演，此片當年獲得奧斯卡最佳外語片獎。

另一部也很感人的是《大智若魚》（Big Fish），我認為這是添布頓其中一部佳作，講一個一天到晚喜歡對兒子「吹水」的老爸，時刻都在講自己的奇幻經歷，兒子對此無比厭煩，終於與老爸斷絕往來。最終得悉老父病危，於是回家再重新聽聽老爸的故事，這次他終於認識到老爸傳奇的一生，也帶出全片主題：人一生中最大的感動，就是被自己深愛的人理解。所以那些老覺得父親囉嗦的人，不如換個角度，可能他仍有很多地方值得你去學習，何必斤斤計較？

MANKIND WAS BORN ON EARTH. IT WAS NEVER MEANT TO DIE HERE.

《星際啓示錄》Interstellar 藉科幻的故事，去描述兩段父女關係。

《星際啓示錄》並非表面的科幻外殼，而是刻劃人文與人性層面的問題。

又有一部會令你涙灑影院的科幻片《星際效應》（Interstellar），裡面提及的大堆科學名詞，甚麼黑洞、蟲洞、時空交錯等等，你我都可能一知半解，但這並不重要，感人的是兩段父女情，男太空人原本歸隱做農夫，與子女快樂相處，豈料要重上太空，完成他的救贖之旅，無奈要離開他的七歲女兒，後來女兒也成為科學家，她成長後只有一個目的，就是希望在有生之年，能再見父親一面，聽到這故事，眼睛已禁不住熱起來了。

當然我不得不提《教父》，很多人知道這是經典的黑社會電影，除了江湖上的恩恩怨怨，不少人忽略了電影的其他部分，其一是電影內的美食，我專門買過一本講電影內意大利食物的書回去研究。另一樣是講親情，尤其講父子情，在意人利的傳統家庭這是特別重要的，幼子一直備受父親保護照顧，其實父親才是最強的。

《大智若魚》是一部令人從心裡暖和到身體的電影，也是描述父子關係，以小孩子的腔調，來敘述其父親傳奇的一生。

有一部日本片《誰調換了我的父親》，由是枝裕和執導，題材頗特別，講兩對父母得知兒子原來錯調了六年，各人要怎樣去適應這劇變，是血緣重要，還是感情重要，這就是電影要探討的問題。另一套較新的是枝裕和作品《小偷家族》寫一家其實沒有血緣的家人，但彼此相愛相親更勝過很多家庭，是難得的佳作。

另一部我很喜歡的《藉着雨點說愛你》也是部催淚彈，一家三口過着幸福的生活，突然妻子去世，臨終前對兒子說：明年雨季到來的時候，媽媽一定會回來。結果當夏季第一次下雨時，他們重遇，媽媽真的回到父子身邊，但雨季結束時，她還在嗎？下一次雨季來臨時還會出現嗎？這故事情節簡單但浪漫細膩感人，描述父子倆怎樣翻越昔日的哀傷，保留美好的日子而重新開始。

看過這些不同的親情描述，除了感動也希望大家有機會多點擁抱，多點表達你的關懷，甚至是你的愛意，沒甚麼是難以啟齒的，幸福並不是必然，大家要好好珍惜，有機會不如抱緊一些吧！

另一部經典黑幫江湖片《教父》GodFather，其實深刻地描述父子情。

日本片《藉着雨點說愛你》也描述父母親子之情。

別具心思設計的父親節蛋糕

後記

我有時頗費解，為甚麼有些當父親的總喜歡板起個臉孔，要很嚴肅的擺起個款，要不苟言笑，這才像個嚴父嗎？我見到很多家庭都發生種種代溝問題，冷漠疏離非一日之寒。

正如《單車》作詞人黃偉文憶述兒時感受，他說小朋友揣摩心理的能力有限，有時倒希望大人可以「畫公仔畫出腸」，如你不肯講，就有理由相信你不愛我。所以，當有一天你成了別人的老爹就最好別擺款，要融洽些、親和些，有時不妨放下身段多點交流，不要埋藏你的愛，不要吝嗇你的擁抱，別愛得太遲，自然會將關係拉近，得到迴響、得到更大的尊敬。

生命最早的海洋是母親

疫情加上限聚，這兩年的母親節大概是最平淡，不過在家歡聚可能更具意義，有沒有想過，在母親節送花給母親？正確點說，作為男人老狗，還會不會去買花？以前我曾八卦地做過非正式調查，問過很多「豬朋狗友」，發覺他們只在兩個時候可能會買花，一是過年時循例買年花，二是去拜山，極少在其他時間買花，因為生命中早已沒有情人節，有的只是個小三、阿四而不是情人，所謂的生活情趣中也沒有花的存在。

—每到母親節，都出現很多別具心思的母親節蛋糕。

我從小便對花有特別的感覺，可能家母有買花的習慣，差不多隔幾天便要買花，神枱必有花侍奉，家也需有點花香，她特別喜愛薑花，尤其那特殊的香味，有時加上小碟的白蘭，確一室芬芳，配上古舊的嶺南家居，現在再回味果然是好一道風景。如果人生是一個過程，我們就要珍惜每段路。如果你認

— Happy Mother's Day 母親節蛋糕。

—薑花的特殊香味是家母的至愛，經常擺放家中。(iStock photo)

為人生是場苦旅，也不妨好好地去欣賞每道風景。人生苦短，我經常跟朋友說，我們其實飽歷了人生最光輝、最有意義的年代，見過、享受過最好的，也吃得好、穿得好、活得好，見證了從一窮二白到繁華至衰落的日子，總算曾經擁有無悔今生！

「唉！早知生嚿叉燒好過生你。」這名句可能是很多廣東媽媽在教仔過程中都曾說過的意氣話，可見粵語之傳神、「抵死」和過癮，這才是我的母語。有時我也在想，為甚麼不是燒鵝、燒肉或切雞而會是嚿叉燒？可能阿媽覺得叉燒更好味和更有代表性。

年輕時，老家傭蘭姐常告訴我，我出世時可憐只得三磅，像頭小貓，簡直不像是生物，人人都猜想我會活不下去，只有母親仍抱着一絲希望不離不棄，料不到這頭不像樣的「小貓」，今天神高神大還要辟穀減磅。但可以想像當年母親的擔憂，「這頭小貓能否存活？」兒時的反叛、無心向學，常令母親操心，尤其教育是家門重中之重，偏偏我就學不上

早年進口的花階磚成為獨特的嶺南風格。

早年進口的花階磚成為獨特的嶺南風格。

家鄉著名的煎釀豆腐，煎到外脆內嫩。

雞屎藤茶粿有說是客家傳統食物，但其實廣東一帶，都有此類傳統家鄉食品。

心，令她受到很大壓力，即使如此，母親仍沒有選擇生嚿叉燒，她寧願將我生下來，那怕是只得三磅也要養活過來。

「我們生命最早的海洋，是母親……」每想起這句話，思緒便引領我想起了《我的母親手記》（わが母の記）。是日本文學家井上靖的私密日記，也是同名電影的原著。電影由役所廣司和樹木希林分別飾演母子，故事大意講作家男主角從小便覺得自己是被母親遺棄的孤兒，所以一直與家人關係疏離冷漠，直至父親離世才返回老家再度與母親生活。在妻子和女兒的協助下，他重新接納母親，更從她口中聽到五十年來的家族歷史，以及她不為人知的內心世界。母親因這段痛苦的記憶而後悔、愧疚一生，受盡了折磨與煎熬。在最後的歲月，一個生活強者的火焰熄滅，帶走了兒子的愛恨情仇。

這是個講拋棄與回歸的感情故事，母親年輕時因環境所限，迫於拋棄兒子，兒子長大後要修補這疏離

香脆美味的咸雞籠，五邑地區家家戶戶都會做。

開平最出名是煲仔黃鱔飯。

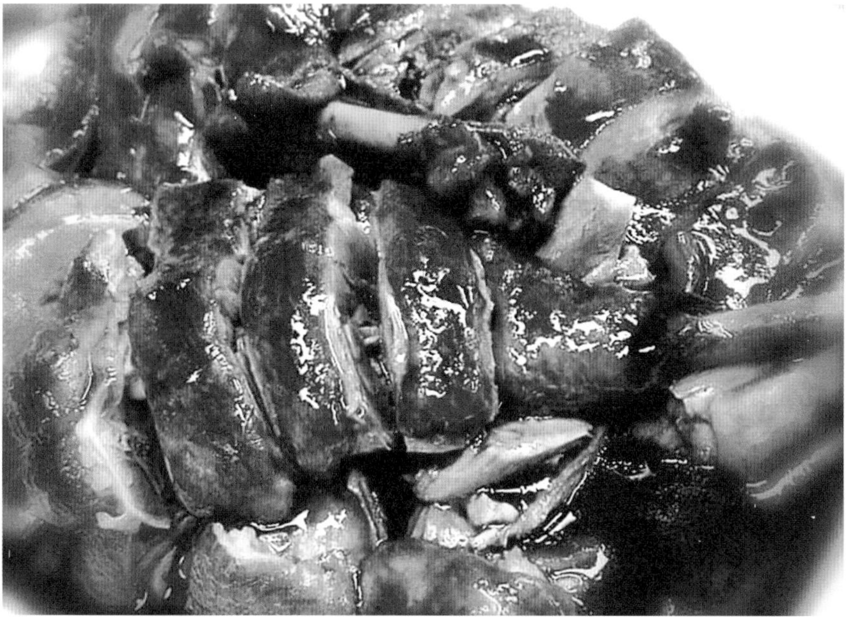

家鄉碌鵝將鵝身塗抹了秘製醬料，放進油鍋裡不停翻動，碌來碌去。表皮色澤金黃搭上入味鵝肉，鮮嫩多汁的口感，帶濃香的醬料。

母親愛花，每次上市場都看花，除了閒日擺薑花，節日都喜歡紅花，自然愛梅花、桃花、牡丹花。

兒子背着母親看海，找到生命中的真諦。

《我的母親手記》描述三代人的親情磨合，感人至深。

的關係。這部表面看似普通平凡的電影，卻刻畫着三代人的親情磨合，重重敲打我們的內心深處，痛擊着敏感但又難以迴避的痛點。每人都曾經年輕過，或多或少都走過這條路，但都沒好好地去體會和修補。直到雙親離去，自己也一把年紀，才能領悟到他們當年的為難和厚愛。役所廣司和樹木希林都是出色的演員，演這類角色簡直不作第二人想。每當看到片中兒子洪作揹着年邁的母親在津沼海邊看海，像找到生命中的真諦，眼便不禁會熱起來。

母親節，我打算重溫這部電影，再感受這種似乎平淡如水的日常生活，母親與孩子的相處，流露着無窮無盡的愛心和奉獻，有時雖然感到有點囉嗦煩擾，但無私的母愛將我們孕育成心中所想要成為的人，所以羈絆最深，帶來的記憶也是最刻骨難忘。

Yes, no meal in the world can beat the feeling when you have home food. It shows the motherly love to the core. Also, it's the finest piece of art made with the deepest dedication and emotions.

後記

母親，你真偉大，雖然你離開了，我每年也會祝你母親節快樂！也永遠懷念你的絕世家鄉菜。這幾年都有在這節日寫些短文紀念，母親為家庭默默付出了一生，我會對她永遠敬愛和懷念！

鳴謝

王澤、邱秀堂

馬龍、方舒眉

楊凡

鄧達智

李安

張家振

李志清

半島酒店

微熱山丘

信芳餅店

Teddy Robin

Eric Yeung@Rolling Productions

Chan Wai Hong,Jane Kong (Toronto)

Irene Wan (Vancouver)

Victor Ho (Vancouver)

Connie Wong (San Francisco)

Take Nishina (Tokyo)

Eddie So

Claudia Ng

Bonnie Lee

Michael Wong

Carmen Tian

Spencer K Wang

Paul Chau@Tess

Joe Leung@Berlin Optical

Prudence@argusphoto

Sing Kee Seafood Restaurant

文字編輯　侯彩琳
圖片編輯　李安
設計　Alan Ng

書名　節日的味道
作者　司徒衛鏞

出版　三聯書店（香港）有限公司
香港北角英皇道四九九號北角工業大廈二十樓
Joint Publishing (H.K.) Co., Ltd.
20/F., North Point Industrial Building, 499 King's Road,
North Point, Hong Kong

香港發行　香港聯合書刊物流有限公司
香港新界荃灣德士古道二二〇至二四八號十六樓

印刷　美雅印刷製本有限公司
香港九龍觀塘榮業街六號四樓A室

版次　二〇二一年七月香港第一版第一次印刷
規格　特十六開（150mm × 218mm）二六四面
國際書號　ISBN 978-962-04-4836-2

Published & Printed in Hong Kong

三聯書店
http://jointpublishing.com

JPBooks.Plus
http://jpbooks.plus